WEICHENGNIANREN JIANCHA

# 未成年人检察

**2024年第2辑 · 总第34辑**

最高人民检察院未成年人检察厅/编

中国检察出版社

**图书在版编目（CIP）数据**

未成年人检察.2024年.第2辑：总第34辑/最高人民检察院未成年人检察厅编.--北京：中国检察出版社，2024.10.--ISBN 978-7-5102-3135-3

Ⅰ.D669.5

中国国家版本馆CIP数据核字第202490GH29号

**未成年人检察（2024年第2辑）**

最高人民检察院未成年人检察厅　编

**责任编辑：** 杜英琴

**技术编辑：** 王英英

**美术编辑：** 徐嘉武

**出版发行：** 中国检察出版社

**社　　址：** 北京市石景山区香山南路109号（100144）

**网　　址：** 中国检察出版社（www.zgjccbs.com）

**编辑电话：**（010）86423766

**发行电话：**（010）86423726　86423727　86423728

（010）86423730　86423732

**经　　销：** 新华书店

**印　　刷：** 北京联兴盛业印刷股份有限公司

**开　　本：** 710 mm×960 mm　16开

**印　　张：** 13

**字　　数：** 166千字

**版　　次：** 2024年10月第一版　　2024年10月第一次印刷

**书　　号：** ISBN 978-7-5102-3135-3

**定　　价：** 60.00元

# 《未成年人检察》
# 编委会

# 目　录

## 专　论



## 优秀理论成果



## 工作研究

## 业务论坛



## 典型案例



## 指导性案例

# 专　论

# 以高质量党建引领高质效检察履职 携手各方为未成年人撑起法治蓝天

缐　杰*

习近平总书记强调，推进中国式现代化，必须坚持党的领导、加强党的建设①。检察机关是政治性很强的业务机关，也是业务性很强的政治机关，要坚持讲政治与讲法治有机统一，所有检察工作都要从政治上着眼、从法治上着力②。涉未成年人案件社会关注度高、敏感性强，检察机关作为法律监督机关和参与未成年人司法保护全过程的政法机关，必须坚持以党建为引领，紧紧抓住党纪学习教育的有利契机，高质效办好每一个涉未成年人案件，综合履行刑事、民事、行政、公益诉讼“四大检察”职能，以检察司法保护促推“六大保护”融通发力，更好回应社会关切，守护未成年人健康成长。

## 一、深刻学习领会习近平总书记关于党的建设重要思想的深刻内涵，更加自觉贯彻落实到未成年人检察工作中

习近平总书记深刻指出，把党的建设作为一项伟大工程来推进，是我们党的一大创举，是我们党领导人民进行伟大社会革命的重要

---

* 缐杰，最高人民检察院未成年人检察厅厅长、一级高级检察官，全国检察业务专家。

① 《习近平在山东考察时强调　以进一步全面深化改革为动力 奋力谱写中国式现代化山东篇章》，载新华网 2024 年 5 月 24 日。

② 《以自我革命精神锻造忠诚干净担当的检察铁军——深入学习贯彻习近平总书记对政法工作重要指示精神系列评论之六》，载《检察日报》2024 年 1 月 27 日，第 1 版。

法宝[①]。党的十八大以来，习近平总书记站在红色江山后继有人、中国特色社会主义事业薪火相传的战略高度，关心少年儿童成长成才、谋划少年儿童工作发展进步，激励新时代少年儿童奋发有为、向阳成长。

近年来，国家通过修订《未成年人保护法》《预防未成年人犯罪法》，出台《家庭教育促进法》，调整优化国务院妇女儿童工作委员会职责，构建家庭、学校、社会、网络、政府、司法“六大保护”体系，不断完善未成年人保护大格局，未成年人保护面临新的发展机遇与挑战。

### （一）以党的政治建设为统领

习近平总书记在党的二十大报告中指出，“以党的政治建设统领党的建设各项工作”[②]，凸显了加强政治建设的重要性和紧迫性。检察机关首先是政治机关，坚持党的领导是检察工作的最高原则、最大优势[③]。一切检察履职都要在讲政治的前提下开展，抓业务必须体现在更高的政治站位上。经过习近平新时代中国特色社会主义思想主题教育的思想洗礼，全国未成年人检察人员的政治判断力、政治领悟力、政治执行力得到提升，能够从思想根源上自觉抵制西方“宪政”“三权鼎立”“司法独立”等错误观点，坚定不移走中国特色社会主义法治道路。全国未检部门要进一步加强党的政治建设，把执行党的政策与执行国家法律统一起来，既用政治视角、政治思维、政治效果来审视未成年人检察业务工作，把讲政治落实到检察履职、监督办案各方面全过程；又要坚持严格依法办事，保障国家法律统一正确实施，充分运用法治力量保障党的未成年人保护决策部署有效落实。

---

① 习近平：《推进党的建设新的伟大工程要一以贯之》，载《求是》2019 年第 19 期。

② 习近平：《高举中国特色社会主义伟大旗帜 为全面建设社会主义现代化国家而团结奋斗》，载《求是》2022 年第 21 期。

③ 童建明：《以高质效检察履职维护宪法权威 推动宪法实施》，载《人民日报》2023 年 12 月 7 日，第 9 版。

### （二）以党的纪律建设为保障

1859年，马克思在致恩格斯的信中指出：“必须绝对保持党的纪律，否则将一事无成。”毛泽东同志说过：“加强纪律性，革命无不胜。”邓小平同志指出：“我们这么大一个国家，怎样才能团结起来、组织起来呢？一靠理想，二靠纪律。组织起来就有力量。没有理想，没有纪律，就会像旧中国那样一盘散沙，那我们的革命怎么能够成功？我们的建设怎么能够成功？”党的十八大以来，以习近平同志为核心的党中央把纪律建设摆在更加突出的位置，先后于2015年、2018年和2023年三次修订《中国共产党纪律处分条例》，党的纪律规矩日益完善。我们党是靠革命理想和铁的纪律组织起来的马克思主义政党，纪律严明是党的光荣传统和独特优势。党纪学习教育开展以来，我们通过开展集中学习、主题党日、警示教育以及用好“三会一课”等方式，把党纪学习教育与落实党中央决策部署、推进未成年人检察工作紧密结合起来，特别是聚焦解决有的党员、干部对党规党纪不够上心、不够了解等问题，采取针对性措施开展教育，切实做到两手抓、两不误。

### （三）以全面正确理解依法保护未成年人为支撑

未成年人违法犯罪是世界性难题。检察机关办案发现，近年来，未成年人犯罪和侵害未成年人犯罪均呈上升态势。最高检应勇检察长指出：要全面正确理解依法保护未成年人，既要对侵害未成年人犯罪“零容忍”，也要高度重视未成年人犯罪预防和治理。预防就是保护，惩治也是挽救。对未成年人最大的保护，就是让他们遵纪守法、健康成长。[①] 对于未成年人违法犯罪问题，我们要坚持严格依法

① 巩宸宇：《最高检调研组在江苏调研 应勇强调 以高质效履职服务高质量发展 在服务中国式现代化、推进检察工作现代化中走在前做示范》，载最高人民检察院官网，2024年4月29日。

办案，保持冷静头脑，既不让年龄成为免罪金牌，也不让个别案件因社会广泛关注而逾越法律规定。要在全面准确落实“宽严相济”刑事政策的大前提下，落实“教育、感化、挽救”方针和“教育为主、惩罚为辅”原则，辩证考量未成年人犯罪的普遍性与个案的特殊性，充分考虑社会基本伦理和公众普遍感受，做到于法有据，宽严适当①。对于情节较轻、社会危害性较小的犯罪，或者较轻犯罪的初犯、偶犯，要依法从宽，宽缓到位；对于故意杀人、故意伤害致人重伤、强奸等暴力犯罪以及未成年人涉黑涉恶团伙犯罪，依法当严也要严，决不纵容。

## 二、坚持党建与业务深度融合，在未成年人检察工作中落实落细“高质效办好每一个案件”的基本价值追求

习近平总书记强调，“要处理好党建和业务的关系，坚持党建工作和业务工作一起谋划、一起部署、一起落实、一起检查”②。没有离开政治的业务，也没有离开业务的政治。对于检察机关而言，政治建设只有结合检察业务工作去思考谋划，通过高质效办好每一个案件去体现，才能从形式到内容上得到深化、从深度到广度上得到拓展，始终保持生机与活力③。未成年人检察实行“四大检察”综合履职，需要把党建与业务融合体现在案件办理全过程各方面，以高质效办案让人民群众切实感受到公平正义就在身边。

### （一）在个案办理上追求高质效

应勇检察长指出，“高质效办好每一个案件”，重在“高质效”，难在“每一个”。我们要认真领会，坚持把高质效贯穿履职办案各环

---

① 宫鸣：《坚持预防为主 提前干预 努力为未成年人健康成长提供坚强司法保障》，载《人民检察》2024年第2期。

② 习近平：《在中央和国家机关党的建设工作会议上的讲话》，载《旗帜》2019年第11期。

③ 苗生明：《抓实融为一体的政治与业务建设 推动刑事检察工作高质量发展》，载《中国检察官》2023年第13期。

节全过程。对于未检检察官来讲，办理的是孩子的案件，但孩子“小”，案件“不小”，涉及每名未成年人的人生轨迹，涉及背后几个家庭的幸福安宁。办好未成年人案件，首先要准确把握涉未成年人案件的特殊规律。比如，涉案未成年人大都身心未成熟，很多又为涉众型犯罪，比如聚众斗殴，可以说既是侵害者，又是受害者。这就需要在厘清犯罪地位、作用的基础上，结合每名未成年人的年龄、性格特点、一贯表现等个人基本情况，家庭及社会生活状况，涉嫌犯罪相关的情况进行综合判断，不能搞“一刀切”。要通过社会调查深入研究涉案未成年人成长环境、不同犯罪心理、认罪悔罪情况，将党和国家统一规范的未成年人犯罪惩教方针、原则个别化，精准运用到每一个案办理实践中，把个案中未成年人的特殊情况直至不同案件的一般规律搞清楚、弄明白，更扎实地把案件办好，真正在个案中体现高质效，更有力、有效惩治和预防犯罪。

### （二）在办案指标中体现高质效

2024 年初，最高检印发《检察机关案件质量主要评价指标》，将案件质量主要评价指标减至 38 项，并进一步减少了指标通报值，其中，附条件不起诉率调整为中性指标。今年上半年，最高检未成年人检察厅加强指导，附条件不起诉适用也更加依法、准确、客观、理性。要牢固树立和践行正确政绩观，既要以系统思维加强宏观管理，深化检察业务数据分析研判会商工作，又要坚持好每季度未成年人检察条线分析研判机制，及时掌握动态、把握趋势、查找问题、研提对策、改进工作。比如，今年 6 月，最高检未成年人检察厅选取九个省份分别就附条件不起诉适用率、社会调查适用率波动较大及附条件不起诉后又起诉上升幅度较大等情况进行了分析研判，指导各地更加准确把握涉罪未成年人逮捕、起诉条件，采取有力举措抓实预防和减少未成年人犯罪工作，确保每一起案件都经得起法律、历史和人民的检验。

### （三）让人民群众感受到高质效

应勇检察长讲话指出，要让“高质效办好每一个案件”成为新时代新征程检察履职办案的基本价值追求，在实体上确保实现公平正义，在程序上让公平正义更好更快实现，在效果上让人民群众可感受、能感受、感受到公平正义，做到检察办案质量、效率、效果有机统一于公平正义。未成年人案件社会高度关注，一旦处理失当，容易引起媒体炒作和未成年人效仿，更要善于从纷繁复杂的法律事实中准确把握实质法律关系，善于从具体法律条文中深刻领悟法治精神，善于在法理情的有机统一中实现公平正义，在法律框架内寻求公平正义的“最大公约数”，做到保护未成年人合法权益与维护社会秩序相统一。实践中有的案件没有被人民群众认可，究其原因，就是实体正义没有被接受，程序正义没有被感受。要注重从人民群众的角度审视和看待案件，确保处理结果既符合法律规范，又符合大众期待，让大家感受到公平正义。

## 三、以党纪学习教育为契机，全面检视、持续推动党建与未成年人检察业务同频共振

党纪学习教育开展以来，检察机关认真学习领会习近平总书记关于全面加强党的纪律建设的重要论述，把学纪知纪明纪守纪与更好履职尽责紧密结合起来，立足法律监督职责，做实“高质效办好每一个案件”，扎实推进习近平法治思想的检察实践。但在未成年人检察领域政治与业务融合不够的问题仍然存在。

### （一）未成年人检察工作中政治与业务同频共振不够的表现

1. 执法中机械司法、就案办案的现象时有发生。比如，有的片面理解宽严相济刑事政策，没有绷紧“严格依法”这根弦，认为只要是未成年人犯罪，就一律从宽，对主观恶性、危害后果、社会影

响等考虑不足，没有实现政治效果、法律效果和社会效果的有机统一。

2. 政绩观存在偏差，在制度、政策贯彻落实中存在指标性落实、选择性执行问题。比如，有的过于关注“不捕率”“不诉率”“附条件不起诉率”等指标，而对社会调查、特殊预防重视不够，忽视了分级干预、精准帮教的“后半篇文章”，有的教育挽救效果打了折扣。还有的地方为提高附条件不起诉率，对于社会调查提出的再犯风险较高等意见视而不见，导致未成年人因再犯罪被撤销附条件不起诉。

3. 监督制约不到位，司法办案不规范的现象时有发生。随着司法责任制“放权”、捕诉一体“集权”、检察官自由裁量“加权”，认罪认罚从宽量刑建议“主导权”等一系列工作机制变革，再加上未检检察官的办案范围越来越宽，不捕、不诉、附条件不起诉等自由裁量权越来越实，被围猎的风险也明显加大，但内部监督制约机制还不够健全，极个别检察人员以案谋私，被依法追究刑事责任。

### （二）促进党建与未成年人检察业务同频共振的科学方法路径

1. 坚持党的绝对领导。这是加强政治建设、提升政治能力的根本所在。要更加自觉把党的绝对领导贯穿于未成年人检察工作全过程，实现讲政治、顾大局与讲法治、促进保护的统一。充分发挥中国特色社会主义法律制度优越性，立足检察机关法律监督职能和承上启下诉讼地位，依法一体履职、综合履职，推动未成年人司法发展进步。

2. 坚持人民至上。习近平总书记指出，人民群众身处实践最前沿，对实践变化感知最敏感、感受最深切，也最聪慧，只要走到人民群众中去，很多百思不得其解的问题就能豁然开朗、找到答案。要聚焦人民群众反映强烈的未成年人保护热点、难点和痛点问题，加大未成年人检察供给侧结构性改革力度，持续做实人民群众可感受、能体验、得实惠的检察为民，厚植党的执政根基。

3. 坚持法理情相统一。检察办案需融合天理、国法、人情，正确运用检察裁量权，在法律框架内寻求公平正义的“最大公约数”，做到合法合理合情。未成年人检察业务，不仅体现在法律适用、政策把握上，还要紧密结合未成年人心理、生理、传统文化、新时期社会环境的变化、人情世故的了解去把握、运用，确保案件处理结论经得起法律、历史和人民的检验。

4. 坚持遵循未成年人司法规律。认真贯彻最有利于未成年人原则，实行办案、监督、预防、教育并重，惩戒和帮教相结合，保护、教育、管束有机统一，持续推进未成年人全面综合司法保护。实行专业化办案与社会化保护相结合，实现社会支持的体系化支撑、优势化互补、共享化构建，不断提升未成年人检察工作品质与效果。

5. 坚持标本兼治。办理个案只是治标，所有未成年人案件背后都有更为广泛、深刻的社会问题，促进解决存在的社会问题是未成年人检察工作的重中之重。办理未成年人案件必须坚决摒弃“就案办案”的错误思想，把标本兼治贯穿全过程。注重结合办案推动解决未成年人案件背后的社会问题，坚持立足检察职能，助推职能部门充分履职，凝聚家庭、学校、社会、网络、政府、司法各方保护力量，形成未成年人保护大格局，促进社会治理体系和治理能力现代化建设。

## 四、以高质效检察履职实效检验党建、业务融合发展成效，携手各方为未成年人撑起法治蓝天

业务建设是政治建设的具体检验、直观呈现。政治与业务建设是否抓得实、抓得好，直接反映在业务工作的成效上。未成年人检察条线要抓实融为一体的政治与业务建设，在办理案件、融合履职、促进治理、协同发力上下功夫，不断推动未成年人检察工作高质量发展。

### （一）以“零容忍”态度惩治侵害未成年人犯罪

针对侵害未成年人犯罪上升态势，进一步加大惩治力度，会同公安机关、人民法院，依法严惩暴力伤害、强奸、猥亵等侵害未成年人犯罪，认真落实《关于办理强奸、猥亵未成年人刑事案件适用法律若干问题的解释》《关于办理性侵害未成年人刑事案件的意见》，对于性侵害未成年人重大、疑难、复杂案件，完善检察机关介入引导侦查取证、挂牌督办、专家参与论证工作机制。运用好侦查监督与协作配合机制，加强对侵害未成年人案件的立案监督、侦查活动监督、审判监督，重点加强对性侵害未成年人不立案、不捕、不诉、判处免予刑事处罚及缓刑案件的监督审查，及时发现、纠正有罪不究、重罪轻判等问题。会同相关部门出台“一站式”询问、救助保护工作规范。

### （二）有效预防和惩治未成年人犯罪

全面准确落实宽严相济刑事政策，坚持“预防就是保护，惩治也是挽救”的理念，依法惩治和教育挽救涉罪未成年人。对于实施严重犯罪、性质恶劣、不思悔改的未成年人依法惩治、该严则严，绝不纵容；对于犯罪较轻、初犯偶犯的未成年人，当宽则宽。但不论怎样处理，都要进行精准帮教、教育挽救，最大限度促进涉罪未成年人改过自新、回归社会。会同相关部门制发加强罪错未成年人行为分级干预矫治的意见，根据罪错行为严重程度、身心发育程度、心理偏常状况、日常表现和生活环境等情况，依法采取分级分类的干预措施，开展有针对性的预防、教育和矫治。会同教育行政等部门继续积极促推专门学校建设，做好检察机关与专门学校衔接工作，对因不满法定刑事责任年龄不予刑事处罚的未成年人，督促有条件的专门学校设置单独校区闭环管理，开展专门矫治教育，更加有效解决“犯了抓、抓了放、放了犯”等难题。

### （三）深化未成年人“四大检察”综合履职

发挥未检业务集中统一办理优势，健全综合履职、全面保护工作模式，强化“四大检察”程序有序衔接、业务有机融合，加强全面综合司法保护。发挥未成年人刑事检察对民事、行政和公益诉讼检察的支撑保障作用，加强未成年人羁押必要性审查和社区矫正监督工作。规范和加强涉未成年人民事支持起诉工作，加大对未成年人民事、行政生效裁判及审判和执行活动的监督力度，规范开展行刑双向衔接工作。突出未成年人保护检察公益诉讼的精准性和规范性，对于诉前检察建议解决不了问题的，敢于通过诉讼的确认维护国家利益、社会公共利益和未成年人合法权益。要加强对下指导，一体推进未成年人“四大检察”，发挥个案示范带动作用，及时发现解决问题，总结经验做法，提高综合履职成效。

### （四）促进未成年人保护社会治理

深化综合治理、促进标本兼治，是对未成年人最实在最有效的保护。要联合相关部门制发强制报告典型案例，定期通报各地落实情况，开展“每案必查”情况抽查，做实跟踪监督和反向审视，对不报告造成严重后果的依法督促追责。依法严格落实入职查询制度和从业禁止制度，推动实现全面查询、严格准入、有效禁止，把好从业人员入口关。立足检察办案，通过制发检察建议、典型案例、专题报告、磋商交流等多种方式，积极推动解决影响未成年人健康成长的重点难点问题，促进堵漏建制，将案件办理效果转化为社会治理效能。

### （五）促推“六大保护”融通发力

加强与相关部门协作配合，更好以司法保护促进“六大保护”协同发力。主动融入家庭保护，大力推动在涉未成年人案件中全面开展家庭教育指导工作，推动家庭督促监护范围有序拓展，促进“甩手家长”依法带娃。主动融入学校保护，深化检察官担任法治副校长工作，评选未成年人检察精品法治课，认真落实《关于建立涉案未成年人控辍保学协作配合机制的意见》，从源头上减少未成年人辍学失管，防止游离社会之外。主动融入社会保护，会同共青团中央等部门推动《未成年人司法社会工作服务规范》国家标准落实，常态化发布《未成年人检察工作白皮书》，继续打造《守护明天》节目品牌。主动融入网络保护，认真落实《未成年人网络保护条例》及检察机关网络法治工作意见，进一步发挥网络保护指导性案例作用，严惩利用网络侵害未成年人犯罪。主动融入政府保护，持续落实《中国妇女发展纲要（2021—2030 年）》和《中国儿童发展纲要（2021—2030 年）》，会同民政部门深化农村留守儿童、困境儿童、流动儿童保护等合作，打通未成年人保护“最后一公里”。

# 优秀理论成果

# 未成年人检察业务融合履职模式探究

北京市人民检察院第一分院课题组*

党的十八大以来，以习近平同志为核心的党中央高度重视未成年人保护工作，党的二十大报告专门强调“保障妇女儿童合法权益”。最高人民检察院发布的《未成年人检察工作白皮书（2021）》中指出，当前未成年人保护仍然面临严峻复杂的形势，未成年人保护依然任重道远。[①] 2021 年，党中央制发《中共中央关于加强新时代检察机关法律监督工作的意见》，明确要求检察机关“强化未成年人司法保护，完善专业化与社会化相结合的保护体系”，《未成年人保护法》《预防未成年人犯罪法》赋予检察机关对涉未成年人诉讼活动进行监督、督促支持起诉、提起公益诉讼等职责[②]，由此可见，加强未成年人全面综合司法保护，推动新时代未成年人检察工作高质量发展，是党和人民对检察机关提出的新要求。在此背景下，最高人民检察院不断推进未成年人检察业务集中统一办理，并于 2023 年初发布了第四十三批指导性案例，该批案例以“未成年人综合司法保护”为主题，是最高检全面推开未成年人检察业务集中统一办理以来首

---

* 课题组成员：金朝，北京市人民检察院第一分院第七检察部副主任；王贞会，中国政法大学诉讼法学研究院教授，中国政法大学检察基础理论研究基地执行主任；陈娅琳，北京市人民检察院第一分院第七检察部检察官助理。

① 参见《未成年人检察工作白皮书（2021）》，载最高人民检察院官网，https：//www. spp. gov. cn/xwfbh/wsfbt/202206/t20220601_558766. shtml#1。

② 参见宋英辉、孙若尘：《能动履职更好护航未成年人健康成长》，载《检察日报》2022 年 3 月 30 日，第 3 版。

次发布的未检综合履职指导性案例[①]，为探索建立“一体履职、全面保护、统分有序的未检融合履职模式”[②]提供了司法实务经验。

为做实未成年人司法保护，探索未成年人检察融合履职模式，推动未成年人检察自身高质量发展，课题组结合北京检察机关未成年人检察履职实践，对未成年人检察融合履职情况、存在问题进行梳理，深入思考解决问题的切实举措，期望为进一步科学、规范、高效发挥未成年人检察融合履职实效提供理论与实践助力。

## 一、未成年人检察融合履职的内涵与必要性

### （一）未成年人检察融合履职的内涵

未成年人检察融合履职，从内涵上进行解析，是指检察职能的融会贯通，即对检察机关不同业务部门的任务分工与职能设置进行调整，将原本属于不同部门的各项未成年人检察职能统一交由未成年人检察部门进行融合化行使，在办案过程中强化系统审查思维，协调运用各项检察监督职能和手段，并对原有检察职能有机整合、优化重组，实现“四大检察”的效能最大化。从具体的工作方式来看，在办理涉未成年人刑事案件过程中，一并审查未成年人相关民事权益、行政权益及公共利益是否遭受损害；同样，在办理涉未成年人民事、行政、公益诉讼案件过程中，同步审查是否涉及刑事犯罪问题，查找是否存在其他领域的案件线索。对涉及多项检察业务的案件，统一由一名专门从事未成年人检察业务的检察官或办案组办理，统筹运用刑事、民事、行政、公益诉讼等多种方式进行法律监督，并对涉未成年人的诉讼活动或者其他与未成年人保护相关的活动进行专门性、持续性跟进。

① 参见那艳芳、陈晓、王广聪：《全面加强未成年人综合司法保护——最高人民检察院第四十三批指导性案例解读》，载《人民检察》2023 年第 7 期。

② 《关于印发最高人民检察院第四十三批指导性案例的通知》，载最高人民检察院官网，https：// www. spp. gov. cn//jczdal/202303/t20230301_604987. shtml。

未成年人检察融合履职模式是检察机关关于习近平总书记重要指示及党的二十大报告精神的落实，是通过整合司法资源、转变工作思维、提高履职质效为未成年人提供更为全面、综合司法保护的一次重要尝试，也是结合新时代未成年人司法保护的新趋势、新需求，全面提升未成年人检察工作水平的重要内容。这种综合履职的工作模式具备专业化、规范化、社会化等新特点，在工作理念、职能范围、运行方式上均与传统工作模式大不相同。融合履职更加契合涉未成年人案件复杂多样、涉及面广的特点，改变了“头痛医头、脚痛医脚”的简单办案思维，以多维度、集成式、系统性的方式实现检察职能的有机融合[①]。这代表我国未成年人检察工作发展到一个全新阶段，检察机关在未成年人保护大格局中的职能定位更加精准清晰。

### （二）未成年人检察融合履职的必要性

1. 未成年人“四大检察”业务协同发展的需要

大力推进未成年人检察融合履职工作模式，是实现“四大检察”业务平衡发展的客观需要，通过综合考量涉未成年人刑事、民事、行政、公共利益等各方面因素，以司法保护协同家庭、学校、社会、网络、政府保护齐抓共管，促进系统治理、源头治理，有利于从根本上改善未成年人健康成长环境[②]。但在目前，我国的未成年人刑事、公益诉讼检察业务工作发展水平较高，相比之下，未成年人民事、行政检察业务发展较为滞后。在民事领域，检察机关支持起诉案件数量增加了49.2%。[③] 在工作实践中，检察机关仍然更倾向于业务办理较为熟悉的刑事案件与近几年来国家比较重视并予以支持的

① 参见那艳芳、何挺、陈萍：《新时代未检业务统一集中办理工作的持续深化与推进》，载《人民检察》2022年第11期。

② 参见童建明：《持续深化未成年人检察业务统一集中办理工作 以更优综合司法保护护航未成年人健康成长》，载《人民检察》2022年第14期。

③ 参见沈菊芳、尹蔓蔓：《未检业务统一集中办理疑难问题研判》，载《检察日报》2022年10月20日，第7版。

公益诉讼案件，而检察机关在民事领域与行政领域的效能尚未被完全激发。

由于目前检察机关在办理涉未成年人民事、行政案件方面实际工作经验有限，检察机关统筹履行未成年人“四大检察”职能，主动维护涉案未成年人民事、行政权益的能力还有所欠缺。各地检察机关需要通过未成年人检察职能集中、融合化履行来充分带动未成年人民事、行政检察业务工作的开展，推动形成未成年人“四大检察”相互借力、相互贯通、全面协调发展的新格局。①

2. 实现对未成年人“全方位”“全流程”保护的需要

一方面，未成年人司法保护的现实需求涉及面广，与之相关联的社会关系错综复杂。以往检察机关对未成年人的司法保护主要集中体现在刑事领域，而在民事、行政等领域呈现出一定程度的缺位，未成年人检察工作更多依赖于刑事检察职能的行使。另一方面，未成年人保护的需求不仅仅存在于案件办理过程之中，也存在于案发之前与案件办理完结之后。当涉案未成年人进入诉讼活动时，必然已经伴随着权益受损或者涉案未成年人对其他社会关系造成破坏的既定事实，因此，通过诉讼活动对未成年人进行司法保护具有明显的滞后性，案发前的司法预防工作仍应提高重视。同时，案件办理完结后，对涉案未成年人后续的司法保护也处于待完善阶段。比如，在涉未成年人刑事案件办理完结后，对罪错未成年人专门矫治教育的监督工作；在涉及监护权撤销的民事案件办理完结后，对未成年人监护的后续监督工作等都需要持续跟进。

未成年人检察工作的开展需要由熟悉未成年人身心发展特点的检察官或者专门办案组进行融合履职。一方面，要统筹履行“四大检察”工作职能，构建全方位综合维权的办案思维，改变过去对民事、

① 参见苗生明：《刑事检察专论》，法律出版社 2020 年版，序言部分。

行政、公益诉讼检察重视不够的传统工作模式，[①] 对涉案未成年人进行“全方位”保护。另一方面，要不囿于诉讼流程的限制，兼顾涉未成年人案件的预防工作与案件办理完结的后续工作，对涉案未成年人进行“全流程”保护。

3. 推进未成年人保护综合治理的需要

党的二十大报告指出，“推进多层次多领域依法治理，提升社会治理法治化水平”。由于未成年人保护涉及的社会领域广泛，各种类型的涉未成年人案件始终处于高发状态，案件背后一批涉未成年人的社会治理痛点问题亟待解决；且在司法实践中，同一个涉未成年人案件往往又涉及多种法律关系，这种高发性与复杂性反映出为未成年人提供系统、全面保护的迫切需要。这不仅要求政府、学校、家庭、司法机关等多方主体共同参与，还要求各项未成年人保护工作得到强有力的统筹与协调。

最高人民检察院在2022年10月28日提请全国人大常委会审议的《最高人民检察院关于人民检察院开展未成年人检察工作情况的报告》中也指出，未成年人“六大保护”需要相互融合、协同发力[②]。在当前未成年人保护的新局面下，检察机关作为我国未成年人司法保护的主要力量，对与其他未成年人保护主体做好工作对接，强化未成年人保护社会治理，构建未成年人“六大保护”新格局有着义不容辞的责任。为此，检察机关需要以融合履职的创新工作模式找准与其他“五大保护”的结合点，统筹运用社会调查、附条件不起诉、督促监护令、检察建议、公益诉讼、司法救助等方式，促进家庭、学校、社会、政府等主体落实保护责任，以检察履职堵漏建制，发挥检察机关的兜底、补充、协同作用，画好未成年人保护“同心圆”。

---

① 参见宋凯利：《未成年人检察一体化工作模式完善路径探析》，载《中国检察官》2018年第7期。

② 参见张军：《最高人民检察院关于人民检察院开展未成年人检察工作情况的报告》，载《检察日报》2022年10月30日，第2版。

## 二、未成年人检察融合履职的基本要求

未成年人检察融合履职在工作理念、职能安排上都与传统未成年人检察工作大不相同。检察机关应当根据新时代未成年人保护工作新要求积极做出调整，以未成年人司法保护的具体需求为导向，以“最有利于未成年人”原则为指引，以统筹运用“四大检察”职能为路径，以实现未成年人保护诉源治理为目标，构建未成年人刑事、民事、行政、公益诉讼检察职能协同发力的新格局，全面提高未成年人检察工作质效。

### （一）坚持“最有利于未成年人”原则

“儿童最佳利益”是少年司法的基本理念。《未成年人保护法》也对其进行了吸收，如《未成年人保护法》第4条明确规定：“保护未成年人，应当坚持最有利于未成年人的原则。”“儿童最佳利益”的“法律化”表明其在我国未成年人保护工作中的宏观指导地位，对未成年人保护工作的开展也提出了更高要求。我国检察机关在开展相关涉未成年人司法工作时也应当将“最有利于未成年人”原则贯彻始终。

检察机关办理涉未成年人案件时具有多种价值追求，既有惩罚犯罪、维护社会秩序稳定的诉讼价值追求，也有“教育、感化、挽救”涉案未成年人的特殊诉讼价值追求。因此，未成年人检察融合履职必须从中国特色少年司法制度的宏观格局出发，适应我国少年司法制度改革发展的需要，坚持“最有利于未成年人”的原则。

### （二）统筹运用各项未成年人检察职能

自2018年以来，最高人民检察院不断推动开展未成年人检察业务集中统一办理，要求未成年人“四大检察”职能统一由未成年人检察部门综合行使，从涉未成年人案件的特点出发，更为全面地为

未成年人提供司法保护。目前，未成年人检察业务集中统一办理工作进入深水区，这就要求检察机关继续强化一体履职，统筹运用各项未成年人检察职能，全方位守护未成年人合法权益。具体而言，检察机关在办理某一类涉未成年人案件过程中，应当多领域同步挖掘线索，多领域同步开展检察监督工作，[①] 综合履行刑事、民事、行政、公益诉讼等多项检察职能，不再让侵害未成年人犯罪存在“隐秘的角落”。

统筹运用各项未成年人检察职能是未成年人检察融合履职的必然要求，检察机关不仅应当将其贯穿于涉未成年人刑事、民事、行政、公益诉讼等案件的诉讼全过程，还应当将其落实于诉讼活动之外，从而达到“最大限度推动家庭保护、学校保护、社会保护、网络保护、政府保护落地见效”[②] 的目标。检察机关应当统筹运用各项检察职能，以制发检察建议为抓手，增强未成年人保护社会治理，推动形成未成年人“六大保护”综合格局。

### （三）实现未成年人保护社会治理

习近平总书记强调，“法治建设既要抓末端、治已病，更要抓前端、治未病”。[③] 涉未成年人案件的办理不能止于个案，而要针对个案、类案发生的原因，做好源头治理。

结合司法实践，涉未成年人案件背后往往都隐藏着广泛而深刻的社会问题。个案办理只能“治标”，只有对这些社会治理问题加以正视、及时解决，才能促进“标本兼治”，实现“抓前端，治未病”的工作要求。落实到具体的检察工作中，检察机关应当以办理涉未成

① 参见那艳芳、何挺、陈萍：《新时代未检业务统一集中办理工作的持续深化与推进》，载《人民检察》2022 年第 11 期。

② 那艳芳：《与办案业务相映照 理论研究走向实质化——2021 年未成年人检察研究综述》，载《人民检察》2022 年第 4 期。

③ 《习近平主持召开中央全面深化改革委员会第十八次会议强调 完整准确全面贯彻新发展理念 发挥改革在构建新发展格局中关键作用》，载《人民日报》2021 年 2 月 20 日，第 1 版。

年人案件中发现的问题隐患为导向，在对隐患成因进行分析研判的基础上融合履行各项检察职能，通过制发检察建议、支持起诉、提出公益诉讼等方式督促相关主体消除隐患。在此基础上，针对易复发、易反弹、难以根治的社会痛点难点问题，检察机关应持续跟进、主动监督、促进长效机制建设，以“我管”促进各职能部门“都管”，助推相关职能部门认真落实未成年人保护职责，实现治理效果最大化。例如，在办理未成年人遭受性侵害案件中，检察机关要根据案件的规律与特点，追溯问题源头，发现类案线索，并从社会治理层面出发，监督相关主体落实强制报告、入职查询等制度，实现“办理一案，治理一片”的积极效果。

## 三、未成年人检察融合履职的对策建议

### （一）加强未成年人检察工作机制建设

加强未成年人检察工作机制建设，需要从完善业务指导机制与建立内外部联动机制两方面着手，通过机制完善为未成年人检察融合履职提供制度保障。

1. 聚焦各院职能，上下一体履职

要坚持上下一体履职理念，充分考虑各地区、各级院的情况特点，因地制宜、按需调配，系统推进未成年人检察融合履职。上级检察机关需要重视对下级院工作业务的指导，做好统筹推进工作，发挥上下联动、业务指导等作用。对于下级检察机关在探索融合履职过程中遇到的难题或普遍性问题，上级检察机关积极统筹司法资源，在进行广泛摸底调研的基础上开展问题分析研判工作，并对涉及其他专业领域的问题积极组织开展专家论证活动，最终作出统筹安排，指导下级检察院开展具体工作。同时，上级检察机关可以通过制发典型案例加强对下级检察机关的业务指导。例如，最高检可定期筛选发布涉未成年人典型案例，省、市两级检察机关定期组织

案例学习交流，各基层检察机关积极组织典型案例学习研讨，不断积累经验，进一步提升办案素能。

分院应着重把握直辖市“两级行政、三级司法”的体制特点，聚焦承上启下的分院职能，切实发挥层级作用，体现分院未检职能特色，为上级院及辖区院未成年人检察工作开展贡献桥梁纽带力量，包括协助上级院开展工作、将上级院工作部署落地落实、配合辖区院案件办理、引领带动辖区院联合履职等。结合实际办案中绝大多数融合履职案件具体办案工作在基层院，且涉未刑事、民事、行政、公益诉讼因管辖在不同基层院的特点，充分发挥直辖市分院在辖区范围内统筹协调等作用，带动并指导相关基层院形成融合履职办案合力。

基层院要深挖本院在涉未成年人检察监督领域的宏观视角、人才储备和经验优势，发挥自身案件属地优势，专攻调查取证、监督落实、跟踪问效等环节，形成辖区一体、上下联动、经验共享的办案模式，合力将未成年人检察工作做优做强。基层院发挥各自未检工作优势，深入挖掘融合履职办案线索，在本院未检全方位融合履职工作模式基础上，根据级别管辖和地域管辖等要求，在上级院的协调和指导、参与下，多个院可以形成办案合力妥善开展融合履职工作，形成未检融合履职工作新模式。

2. 建立健全检察机关内外部协作机制

一是建立健全检察机关内部协作机制。未成年人检察部门与检察机关其他业务部门的协作配合在全链条打击侵害未成年人违法犯罪行为、做实未成年人全方位司法保护等方面至关重要。目前，未成年人检察融合履职模式尚处于探索阶段，未成年人检察部门与检察机关其他业务部门之间的协作机制无疑会对促推融合履职模式探索、强化未成年人检察工作提质增效产生重要的助力作用。

应以专业化建设为抓手，打破检察机关内部壁垒，统筹办案力量，聚焦重难点案件，建立案件集中统一办理工作机制。具体而言，其他业务部门在办理案件时发现涉及未成年人的相关案件线索，应当及时将其移送至未成年人检察部门，做到线索互联互通，助力解决涉未成年人案件线索隐蔽性强、不易发现的难题。同时，对于案情较为复杂的涉未成年人案件，检察机关未检部门可以与其他办案部门形成跨部门协作关系，抽调业务骨干成立专门办案组，集中力量攻破疑难案件，从而有效缓解基层检察机关未检部门办案人员数量较少及司法资源不足等问题。

二是建立健全外部协作机制。检察机关应树立协同治理理念，探索调动外部资源，与其他单位、组织通力合作、互相配合，完善工作衔接，形成齐抓共管合力。例如，在未成年人遭受性侵害的犯罪案件中，在侦查阶段，检察机关应当主动引导侦查机关在避免对受侵害未成年人造成二次伤害的情况下，对重点证据进行及时取证；同时，建议或协同公安机关及卫生健康部门对犯罪嫌疑人是否系艾滋病患者进行快速确定，并对遭受侵害的未成年人进行必要的检查与治疗；除此之外，还应积极对接未成年人心理咨询机构、法律援助律师、教育部门等，为受侵害的未成年人及其家人提供及时的心理康复治疗、法律援助、家庭教育指导、退学转学等帮助。对于发现的未成年人保护工作机制漏洞及风险隐患，检察机关应当在深入调查研究的基础上，有针对性地对漏洞风险问题所涉及的部门或组织制发检察建议并监督其进行整改，持续推动涉未成年人保护联动机制完善。

### （二）加强未成年人检察队伍建设

未成年人检察融合履职模式的实施与运行依赖于未检部门检察人员的具体执行能力，检察机关应当加强未检部门的队伍建设，打造素质过硬的检察人才队伍，为未成年人检察融合履职模式的运行提供人员与组织保障。

1. 增设专门办案人员与办案组

未成年人检察融合履职模式的运行需要数量充足且熟悉未成年人检察业务的检察官作为人员保障。目前，专门办理涉未成年人案件的检察官数量不足是普遍存在于各地基层检察机关的问题，限制着各项未成年人检察职能的发挥。因此，各地检察机关需要在最高检不断推动未成年人检察业务集中统一办理工作开展的大背景下，对未成年人检察工作量的增加进行科学预估，根据未来客观需要，增设专门办案人员与独立办案组，充实未检办案队伍，重点吸纳在民事、行政、公益诉讼方面有经验的办案人员，确保未成年人检察融合履职模式的运行具有充足的"执行力"。同时，检察机关还可以通过人员组织机制改革的方式应对未检部门办案力量不足的问题——当遇到涉未成年人案件较为复杂、办案难度或工作量较大的情况时，检察机关可以尝试将其他办案部门的工作人员与司法资源暂时"引入"未成年人检察部门，从而缓解办案压力。

2. 提高未检工作人员的专业素质

《中共中央关于加强新时代检察机关法律监督工作的意见》中明确提出"着力提升检察人员专业素养"的要求。未成年人检察业务覆盖的社会领域较多，涉及的法律法规也较为复杂，对未检工作人员的专业素质水平要求较高。因此，为了检察机关能更好地融合履行各项未成年人检察职能，需要打造一支具备了解未成年人身心发展特点、熟悉与未成年人相关的法律法规、能够综合运用各项未成年人检察职能等专业素质的未成年人检察工作队伍。为此，检察机关一方面可以引进高素质专业人才，为未成年人检察部门增添"生力军"；还可以通过开展检察业务培训、轮岗实训等方式，对未检部门检察官的工作能力与专业素质进行拔高，培养一支高素质复合型的未成年人检察人才队伍。另一方面还可以将未成年人检察融合履职模式细化为各项工作要求，倒逼未成年人检察队伍工作能力不断提高。

### （三）"全方位""全流程"落实检察职能

1. "全方位"落实未成年人检察职能

一是贯彻"一案多查"工作机制。以办理涉未成年人刑事案件为例，检察机关在案件办理过程中应当以系统化、整体化的思维，同步审查涉案未成年人的民事权益、行政权益是否遭受侵害以及侵害是否具有普遍性、是否达到侵害公共利益的程度。在民事领域，对于未成年人民事权益受损且维权困难的情况，检察机关应当依法履行督促、支持起诉等职能，为未成年人提供法律咨询、证据收集等帮助，切实守护未成年人合法权益。在行政领域，如果审查发现行政机关在未成年人保护方面存在规定、措施不合理，或者履职、监管不到位等问题，检察机关可以通过制发诉前检察建议的方式督促其进行整改。对于有必要提起未成年人检察公益诉讼的情况，检察机关应当根据有关规定，依法提起公益诉讼，解决涉未成年人保护的普遍性问题。

二是培养“多位一体”办案思维。在办理涉未成年人案件时，将帮教矫治、心理辅导、司法救助等职能一并融入“四大检察”履职过程。例如，在办理撤销监护权、未成年人监护缺失监督案时，针对监护权归属问题，改变传统的“办案为先”“一撤了之”的思维方式，以解决问题为先，针对案件背后的问题开展社会调查，聆听未成年当事人心声，充分考虑未成年人的健康成长和心理需要，对监护人选进行全方位评估，按照“最有利于未成年人”原则选定监护人后加强跟踪回访与后续监督，解决“幼无所依”“幼无所养”问题，实现从基本的检察办案履职向全流程精细化保护转变。

除此之外，一些未成年人检察的特殊业务工作也应当被纳入“全方位”落实未成年人检察职能的工作要求范畴中。例如，在对涉案未成年人进行帮教时，摸排审查是否出现监护问题；通过在社区矫正中心派驻检察官的方式，摸排罪错未成年人社区矫正工作中是否出现问题；在开展“法治进校园”宣传活动时，通过谈心谈话等方式，同步摸排是否存在涉未成年人案件线索等。

2. “全流程”落实未成年人检察职能

对于未成年人刑事检察工作，“要强化整体意识，以未成年人案件刑事政策把握、法律适用、诉讼程序落实、权益保障等为重点，依法妥善做好捕、诉工作，加强刑事诉讼和执行监督，做到惩治、预防、监督、帮教、维权有机融合”①。具体来说，在批捕阶段，要对在押未成年犯罪嫌疑人的羁押必要性进行严格审核，尝试建立专门的未成年人羁押必要性审查制度。对于捕后确有悔罪表现，不予羁押不致发生社会危险的涉罪未成年人，检察机关应当向办案机关依法及时提出释放或者变更强制措施的建议；对于应当予以羁押的涉罪未成年人，检察机关应当与公安机关相互配合，共同推动实现未成年人专门羁押或者集中羁押，并落实对在押未成年人监管活动的监督工作。在讯问阶段，要严格落实合适成年人到场制度，以保证与未成年犯罪嫌疑人沟通顺利，及时对其进行教育、抚慰，维护其合法权益等。审查起诉阶段，检察机关要在充分理解我国附条件不起诉制度之功能定位与适用条件的前提下，通过对未成年犯罪嫌疑人进行全面、客观的社会调查与社会危险性、再犯可能性分析研判，来实现附条件不起诉制度的精准适用。在确保被不起诉的未成年犯罪嫌疑人不会再犯的基础上，充分发挥“未成年人观护帮教基地”的功能，对涉案未成年人进行及时的心理辅导、行为矫正及技能培训等。在刑事执行阶段，检察机关应当将未成年人社区矫正工作与未成年犯管教所的管教工作纳入检察监督范围，全面守护罪错未成年人的合法权益。对于刑罚执行完毕、回归社会的未成年人，检察机关应当做好未成年人犯罪记录封存工作，促进其顺利重新融入社会。

在以监护权监督为重点的未成年人民事检察业务工作中，检察机关同样应对涉案未成年人进行“全流程”的司法保护。例如，对于存在管教不严或者监护缺失情况的未成年人，检察机关应当首先对相关未成年人监护人开展社会调查，对其是否适合继续担任监护人进行客观、准确的分析研判。在此基础上，以“最有利于未成年人”

① 参见童建明：《持续深化未成年人检察业务统一集中办理工作 以更优综合司法保护护航未成年人健康成长》，载《人民检察》2022 年第 4 期。

原则为指引，对于适合继续担任监护人的，检察机关可以通过制发督促监护令的方式督导监护人正确履行对未成年人的监护职责，同时结合附条件监护制度，对监护人后续监护工作进行跟进监督；对于不再适合继续担任监护人的，检察机关在通过制发检察建议或者支持起诉的方式撤销监护人监护权后，要做好合适监护人调查评估，为监护缺位的未成年人确定新的合适监护人，并对其监护情况开展一定时期的跟进监督，以确保监护职责得到正确履行。

### （四）大数据赋能法律监督

大数据赋能未成年人检察监督，是提高未成年人检察监督质效的重要依托，能够对多项未成年人检察工作产生助力作用，包括精准的问题定位、详尽的线索收集、多层面的分析研判、科学的决策依据等。检察机关应以高度的时代自觉、法治自觉、检察自觉探索实施检察大数据战略，高度关注网络空间数字形势下的未成年人网络权益和服务①，加强数字人才培育，强化未检干警大数据素能，让未成年人检察融合履职新模式在“数字革命”中得到充分“赋能”。②

在司法实践中，涉未成年人案件监督线索通常呈现小而散的特点，因此对于涉未成年人案件线索的收集，传统的未成年人检察工作往往采取以个案为中心的方式，只有在确定案件已经发生的情况下，才会开展后续的案件线索收集工作。这种案件线索收集方式具有明显的滞后性，同时由于具体操作方法局限于由检察官在案发后亲自前往相关案发地点进行调查，工作效率远远不足以支持检察机关在办理涉未成年人案件时进行融合履职。而借助互联网信息技术、大数据技术等，检察机关可以通过网络信息平台对接的方式及时、

---

① 岳慧青、王婕：《“未成年人综合司法保护暨大数据赋能未成年人检察监督”研讨会综述》，载《预防青少年犯罪研究》2023年第4期。

② 郭荣荣：《强化数字未检建设 深入推动新时代未成年人检察工作高质量发展》，载《检察日报》2023年2月3日，第1版。

高效地收集关于未成年人保护的案件线索，进行案件预防工作，形成监督规模效应，为未成年人提供全面的“前端”司法保护。

在具体方式上，检察机关在办理一些较为典型的涉未成年人案件过程中，要主动运用数字思维，提取此类案件中具有较高重合度的信息作为此类案件的基本要素，用以在检察机关信息网络平台上建立数字模型。在实现检察机关与其他涉未成年人保护的主体进行网络信息平台对接的情况下，通过类案数字模型与平台上的未成年人信息进行数据碰撞比对，筛选出具有潜在违法犯罪风险或者遭受侵害可能性较高的未成年人，补上未成年人司法保护“漏洞”。

在案件办理过程中，借助大数据手段还能更好地发现社会治理问题症结，综合分析研判案件情况与背后风险，从而延伸检察履职触角，为检察机关主动出击、预防风险、诉源治理提供有效指引，助力法律监督实现质的突破。比如，浙江省检察机关在最高人民检察院提出“检察大数据战略”的背景下，研发出能够跨场景应用的执行强制报告法律监督模型，开展了“性侵害未成年人犯罪暨强制报告制度执行监督”数字监督专项行动，以未成年人保护检察监督的工作视角，对存在性侵害未成年人案件隐患的行业进行了综合治理，并取得良好成效。[①] 对于未成年人检察特殊业务工作，检察机关应深入推进与公安、法院、卫生健康、民政、教育、司法社工机构等单位的信息数据共享，借助大数据对涉案未成年人的成长、生活环境等情况进行准确把握，便于对其开展个性化、精准化的心理疏导、帮扶帮教与末端救助工作。

① 参见何蒙：《开启保护“直通车”护佑之力在全国延伸——多地检察机关创新推动强制报告制度落实》，载《中国妇女报》2022年11月9日，第5版。

# 性侵害未成年人犯罪案件被害人督促监护规范化与实质化研究

山东省东营市人民检察院、广饶县人民检察院课题组*

近年来，涉未成年人违法犯罪尤其是强奸、猥亵等性侵害未成年人犯罪呈高发态势，严重影响了未成年人的健康成长和社会秩序的稳定。根据最高人民检察院发布的《未成年人检察工作白皮书（2023）》中的数据显示，2023年全国检察机关起诉侵害未成年人犯罪人数较多的五个罪名中居前两位的分别是强奸罪、猥亵儿童罪，占起诉侵害未成年人犯罪总数的52.64%。司法实践中，由于涉案未成年人家庭监护能力不足，导致案件发生或被侵害后未成年人得不到有效保护的情况比比皆是。2023年5月，最高检与最高法联合制发《关于办理强奸、猥亵未成年人刑事案件适用法律若干问题的解释》，牵头出台"两高两部"《关于办理性侵害未成年人刑事案件的意见》，细化、明确性侵害未成年人案件法律适用标准、侦查取证、刑罚适用、被害人保护等工作要求。严厉打击涉未成年人性侵害犯罪的同时，如何挽救被侵害的未成年人、预防性侵案件的发生同样重要。本文将以S省D市检察机关近五年来办理的性侵害未成年人犯罪案件为样本，分析该类犯罪的成因、督促监护方法及效果分析，为有效开展性侵案件未成年人家庭监护督促提供建议。

---

* 课题组成员：丁西超，山东省东营市人民检察院党组书记、检察长；刘健，山东省东营市人民检察院第六检察部主任、一级检察官；吴英秀，山东省东营市广饶县人民检察院第一检察部五级检察官助理；胡君玫，山东省东营市齐家社会工作服务中心负责人。

## 一、近五年来性侵未成年人案件特点及原因分析

自2019年至2023年以来，D地区共办理（审查起诉案件中已判决并生效案件）性侵害未成年人犯罪案件165件196人、受侵害未成年人178人，以下仅就强奸罪、猥亵儿童罪、强制猥亵罪、介绍卖淫罪等比较典型的性侵害未成年人犯罪进行分析探讨。

### （一）性侵害未成年人案件特点

1. 罪名分布情况

办理的165件性侵害未成年人犯罪案件中，2019年至2023年分别办理17件19人、21件22人、42件59人、30件36人、55件60人，基本呈现上升趋势。从涉及罪名来看，强奸罪71件，占比43.03%；猥亵儿童罪51件，占比30.91%；强制猥亵罪11件，占比6.67%；介绍卖淫罪32件，占比19.39%。

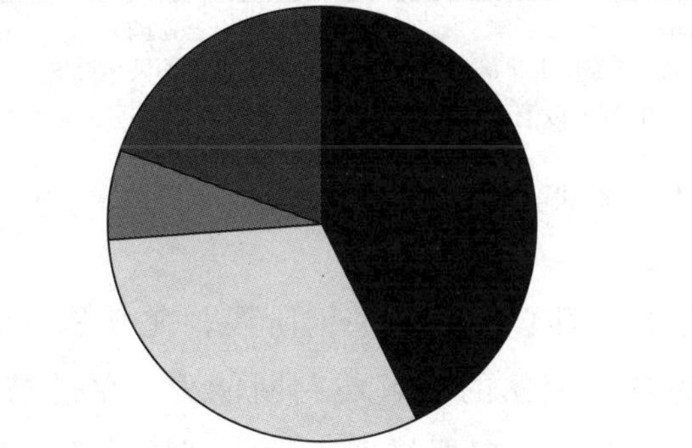


**图一　2019年至2023年性侵害未成年人犯罪类型情况**

2. 涉案人员年龄分布情况

犯罪嫌疑人年龄分布中，18周岁以下的25人，占比12.76%，18周岁以上60周岁以下的161人，占比82.14%，60周岁以上的10

人，占比 5.1%。从横向上看，18 周岁以上 60 周岁以下犯罪嫌疑人占比最高，以青壮年为主，18 周岁以下次之。从纵向上看，近年来 60 周岁以上犯罪嫌疑人数量呈现明显上升趋势，该年龄阶段的犯罪嫌疑人基于个人身体能力不足，往往选择反抗能力较弱尤其是 12 周岁以下的儿童，作为性侵害的对象。

被害人年龄分布中，呈现低龄化特征。不满 14 周岁的 166 人，占比 93.26%；14 周岁以上不满 18 周岁的 12 人，占比 6.74%。其中，3 周岁以上不满 12 周岁的 65 人，占被害人总数的 36.52%；12 周岁以上不满 14 周岁的 101 人，占被害人总数的 57.74%。

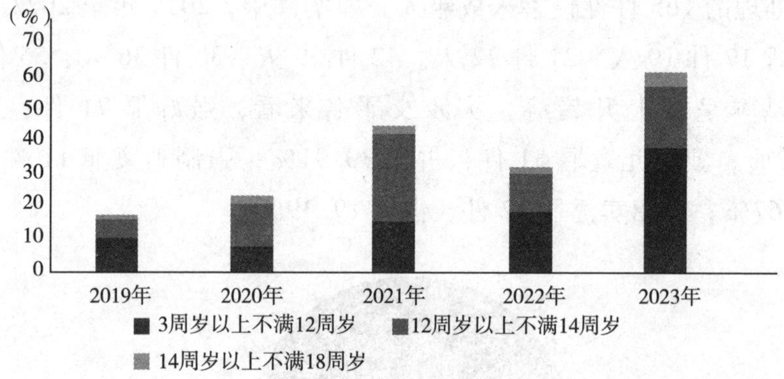


**图二　2019 年至 2023 年性侵害未成年人犯罪中被害人年龄分布情况**

未成年人正处在身心发育的关键阶段，尤其是不满 14 周岁的幼女，对于性行为缺乏成熟的理解与判断能力，单纯被强迫或者完全自愿的被害人均占少数，犯罪嫌疑人往往利用被害人认知能力欠缺，采用引诱、哄骗等手段对被害人实施性侵害。从作案手段来看，被害人完全自愿的 6 件，占比 3.64%，均为 12 周岁以上不满 14 周岁的未成年人；采用殴打、言语威胁等强迫手段的 65 件，占比 39.39%，其中 3 周岁以上不满 12 周岁的 12 人，占比 16.67%，12 周岁以上不满 14 周岁的 52 人，占比 72.22%，14 周岁以上不满 18 周岁的 8 人，占比 11.11%；受引诱、哄骗或者因年龄小不知被性侵而自愿的94件，占比56.97%，其中3周岁以上不满12周岁的67人，占比67%，12周岁以上不满14周岁的33人，占比33%。

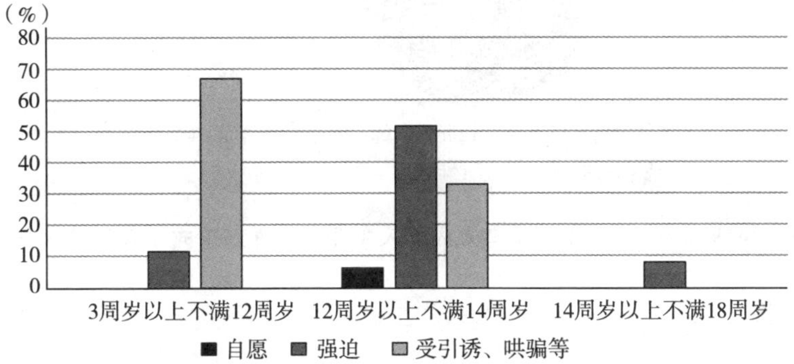


**图三　2019年至2023年性侵害未成年人犯罪中被害人是否自愿情况**

从不同年龄段被害人的被侵害类型来看，被害人3周岁以上不满12周岁被猥亵的45人，占被猥亵总人数的70.31%，被强奸的11人，占被强奸总人数的15.07%；12周岁以上不满14周岁被猥亵的12人，占被猥亵总人数的18.75%，被强奸的53人，占被强奸总人数的72.6%；14周岁以上不满18周岁被猥亵的7人，占被猥亵总人数的10.94%，被强奸的9人，占被强奸总人数的12.33%。可见，不同犯罪针对的年龄阶段不同，猥亵儿童罪被害人的高发年龄为3周岁以上不满12周岁，强奸罪被害人的高发年龄为12周岁以上不满14周岁。

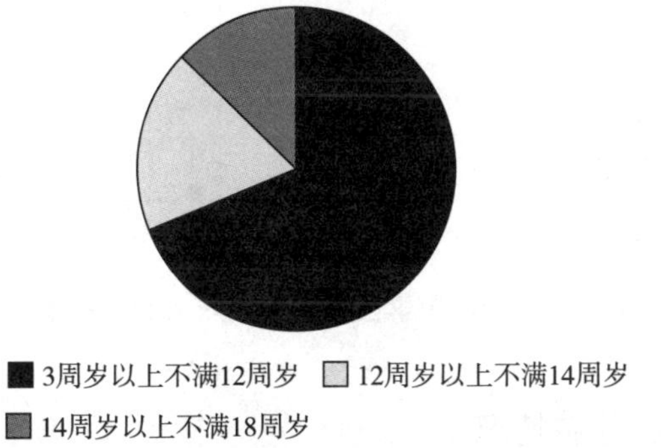


**图四　2019年至2023年性侵害未成年人犯罪中被猥亵未成年人年龄分布情况**

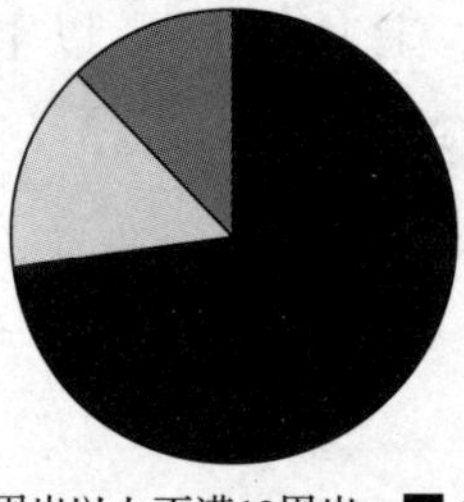


**图五　2019 年至 2023 年性侵害未成年人犯罪中被强奸未成年人年龄分布情况**

3. 双方关系情况

办理的性侵害未成年人案件中，熟人作案 88 件，占比 53.33%，其中邻里关系占比 20%，亲属作案占比 5.45%，老师作案占比 14.55%，恋人等朋友作案占比 13.33%。在熟人性侵案件中，犯罪嫌疑人在与被害人独处时往往利用自己的特殊地位或二者的身份关系，更易持续作案、多次作案，对被害人造成了极大的心理伤害和生理伤害。除此之外，近年来双方通过网络结识的现象突出，通过网络进行隔空猥亵案件 26 件，占比 15.76%。

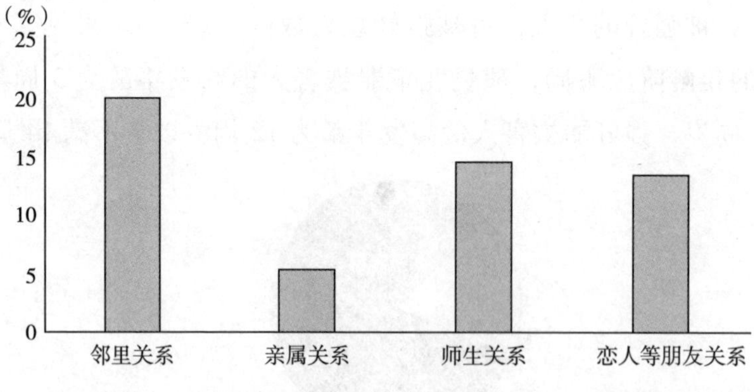


**图六　2019 年至 2023 年性侵害未成年人犯罪社会关系情况**

4. 作案地点分布情况

从作案地点来看，犯罪分子实施犯罪的地点往往具有隐蔽性，其中发生在犯罪嫌疑人家中的58件，占比35.15%；发生在被害人家中的46件，占比27.88%；发生在宾馆、酒店、日租房等经营性场所的31件，占比18.79%；发生在校园内的16件，占比9.7%；发生在公园等开放性场所的14件，占比8.48%。

5. 家庭监护情况

从被害人家庭状况来看，家庭监护存在问题的未成年人更易受到侵害。178名被害人中留守儿童16人，占比8.99%，父母离异单亲家庭38人，占比21.35%，父母离异重组家庭31人，占比17.42%；困境儿童10人，占比5.62%，经济困难家庭36人，占比20.22%；农村家庭109人，占比61.24%，城镇家庭69人，占比38.76%；父母因务工等原因委托他人代为照顾51人，占比28.65%，父母一方照顾多名子女76人，占比42.7%，被害人独自生活的18人，占比10.11%。

6. 文化程度情况

从犯罪嫌疑人与被害人文化程度来看，二者均为初中学历的占比较高。被害人中处于初中阶段的119人，占比66.86%；处于小学阶段的35人，占比19.67%；处于学龄前的20人，占比11.24%。犯罪嫌疑人中处于初中阶段的占比71%，处于小学阶段的占比19.4%，高中及以上文化学历的占比7.6%，还有2%小学以下文化程度。以上人员中存在义务教育阶段隐形辍学（空挂学籍）人员93人，占比24.87%。

### （二）性侵未成年人案件原因分析

1. 被害人自身方面原因

处于青春期的未成年人容易受到诱惑和哄骗。随着生活水平的提高，越来越多的未成年人逐渐出现生理上的早熟。加之互联网的普及，未成年人过早地接触网络，心理逐渐变得“成熟”。处于青春期的未成年人对纷繁复杂的信息充满好奇心，但辨别是非的能力差，对性行为的性质和后果缺乏正确的理解，对朋友的选择缺乏全面的认识，容易受到嫌疑人的诱惑和哄骗继而成为性侵案件的被害者。不满 14 周岁的幼女成为性侵害案件的高发对象。一方面，14 周岁以下的幼女身心发育尚不健全，认知能力和辨别能力较弱，在遭受性侵害时不能完全意识到自己被侵害的事实和被侵害的后果；另一方面，不满 14 周岁的幼女基于薄弱的自我保护意识和较差的自我防范能力，在面对与犯罪嫌疑人年龄和身份之间的悬殊地位时往往不敢反抗。

2. 家庭原因

一是父母缺乏性教育意识和性侵害防范意识。父母是引导孩子学习性知识、接受性教育的重要参与者，由于性教育意识不强、不好意思开口等原因，父母对性往往避而不谈，导致孩子缺乏对性的正确理解与判断。部分父母防范意识不足，放任孩子与他人单独相处，给熟人作案提供了可乘之机。二是父母存在监护缺位或者监护过当问题。部分父母忙于生计甚至外出务工，将孩子托付给祖辈照看，缺乏对孩子的有效监护。部分父母则对孩子过分宠溺，事无巨细的照顾让孩子难以喘息，甚至故意作出出格行为或偷偷向外寻求“知音”。

3. 学校/教育原因

未成年人性的自我保护意识薄弱，存在被性侵不自知、早恋等问题，究其原因，性教育的缺失不可忽视。在中高考压力之下，学校往往更加重视学科教学，忽视了青春期性教育。个别学校存在对安全教育的重视度低、对隐形校园性暴力缺乏查处机制、对异性老师与学生的接触缺乏行为规范、对师德师风的教育流于形式等问题。同时，碍于学校声誉、考核等，个别学校对落实强制报告制度执行不力，积极性不高。

4. 社会原因

一是部分经营主体违规接纳未成年人。宾馆、KTV、点播影院、电竞酒店等经营主体为获取高额利润，违反相关法律规定，容许未成年人随意进入甚至默许未成年人有偿陪侍，为侵害未成年人犯罪提供了滋生的土壤。二是强制报告效能没有得到充分释放。强制报告能够有效解决性侵害未成年人犯罪发现难、取证难、处罚难的问题，但是部分医疗卫生机构、教育部门、旅馆等相关部门及经营主体对强制报告认识不到位，执行力度不够，缺乏约束措施，强制报告制度的作用未能得到有效发挥。

## 二、当前司法实践中开展督促监护的必要性、做法及利弊分析

妥善处理性侵害未成年人犯罪案件，降低被害人再次受害风险，加强未成年被害人多元综合保护，需要做实做细未成年人监护监督，即督促监护工作。我国的未成年人监护监督制度，最早可以追溯至1986年《民法通则》关于撤销监护人资格的规定。2014年，最高人民法院、最高人民检察院、公安部、民政部出台《关于依法处理监护人侵害未成年人权益行为若干问题的意见》，进一步细化了撤销监护人资格的流程、情形。2021年，《民法典》及新修订的《未成年人保护法》相继施行，建立起“家庭监护为基础、社会监护为补充、国家监护为兜底”的中国特色未成年人监护体系，将监护监督视角扩展至对监护人履职能力的培养和对其日常监护行为的全过程监督。2021年10月，《家庭教育促进法》出台，明确国家和社会应当为家庭教育提供指导、支持和服务，为政府及其各部门、司法机关、相关组织、机构介入家事行为、监督监护人的履职行为提供了更强有力的法律支撑。回溯上述发展历史可见，从立法理念层面，未成年人监护监督经历了从家庭自治到国家干预的发展过程。从制度功能而言，未成年人监护监督不仅指亲权概念下对监护人履职的监督，还包括监护权概念下对具有监护职责的个人、单位、组织等的履职监督。从内容维度而言，未成年人监护监督应当覆盖监护履行全程，至少包含对监护人选任的监督（事前监督）、对监护履职行为的监督（事中监督）以及对失职监护的监督和救济（事后监督）三个维度。据此，本文将未成年人监护监督制度界定为广义上的监护监督，即

为了维护未成年人合法权益，由负有监护监督职责的国家机关、单位、组织等对具有或依法承担监护职责的监护人（包括公职监护人）履行监护职责、实施对监护行为进行全过程监督的制度。

（一）督促监护规范化和实质化的必要性分析

1. 督促监护规范化是督促监护实质化的重要前提。处理性侵案件的负面影响极具挑战性，通常涉及复杂的司法程序，同时要求公安、检察院、法院、卫生、教育等多部门协作联动。由于我国未成年人保护制度还在进一步完善，综合专业志愿服务体系尚未成熟，使得检察院的督促监护需要严格按照司法办案环节相关规定进行，尤其是司法社工介入性侵案件开展被害人救助服务更要规范每个流程操作，参照《未成年人司法社会工作服务规范》的规定，根据本土实际情况，确保专业化办案和多元主体保护有效衔接、合规合法进行。

2. 督促监护实质化是强化家庭监护有效保护功能，避免未成年被害人再次遭受性侵害以及降低性侵害给未成年被害人及其家庭带来的负面影响。当家庭监护发生异常，在法定情形下，民政部门可承担未成年人临时监护、长期监护职责，代表国家对未成年人进行兜底监护，以确保未成年被害人身心健康和发展。

（二）督促监护规范化与实质化的司法实践及利弊分析

对性侵未成年被害人开展综合司法保护，需要以未检社会支持体系建设为基础，联动多方资源共同开展。早在 2017 年，D 市检察院即与团市委等多个部门发起了全环境介入的未成年人权益保护和犯罪预防的项目——“青春守护者行动”，形成了服务项目化、资源社会化、阵地有形化、队伍专业化的较为成熟的工作模式，打造了多个子品牌项目，每年服务近万人次。2019 年，D 市检察院作为全国首批未检社会支持体系建设试点单位，聚焦构建全市未检社会支持体系为核心，积极向市委市政府争取政策和资金支持，强化市级管理，夯实托底工作，确保专业化办案能够有政府部门保障、社会组织协同、社会力量广泛支持，与团市委共同孵化培育了全省首个未成年人司法专门社工机构，逐步实现了涉未成年人案件委托司法社工服务各县区全覆盖，未检案件社会力量参与度、附条件不起诉考察帮教社会组织支持率、被害人救助委托率均达到100%。2021年，D市检察院被最高检、团中央确定为全国未检社会支持体系建设示范单位。G县检察院作为D市乃至S省最早探索构建未检社会支持体系建设的县区院，探索了“未检检察官＋社工＋N”的协同工作模式，对性侵害未成年人犯罪案件被害人救助及督促监护进行了有效探索，下面将重点以G县检察院实践为例进行分析探讨。

1. 以最有利于未成年人为首要原则，以提升综合保护质效为结果导向，探索“未检检察官＋司法社工＋N”的协同工作模式，角色履职因案而异。具体做法如下：

（1）未检检察官和司法社工在个案管理中督促监护落实上的管理权重不同。本部分提及的个案管理者角色主要是指个案服务概念，而非司法案件办理概念。未检检察官和司法社工同为个案管理者角色，在不同的案件办理中发挥着不同权重。在司法环节专业化办案中的角色相对固定，未检检察官为主导角色进行委托，司法社工承接委托，根据要求完成司法环节内拓展出的各项司法社会工作服务。但在社会化衔接部分，并非固定的检察官主导、司法社工配合的模式。在个案管理中，如果被害人家庭能够正常生活，但监护人能力不足、理念不够科学、监护意愿不足等，可以以司法社工为主、检察官为辅，链接各类资源，开展督促监护工作，必要时，可联动当地村居、妇联对其开展家庭教育指导工作。如果被害人家庭存在应享受政策而未享受、被害人受教育权未得到保障等需要政府职能部门联动和会商的情况，则应转换为检察官为主、社工为辅的工作模式，为被害人及其家庭提供实质化支持，推动被害人监护条件实质化改善。在办理的张某某强奸案中，司法社工通过对被害人小乔（10 岁，化名）开展个案服务，了解到其家庭条件较差，全家靠养母一人打零工生活，养母忙于生计无暇照顾孩子，且养母焦虑明显，对小乔要求苛刻，教育理念存在重大偏差。考虑到其家庭符合困境儿童救助政策的可能性较大，需要民政、教育、团委、妇联等多个部门联动帮扶，此时未检检察官权重增大。由未检检察官及时链接政府资源，落实各项福利政策，切实改善小乔的生活环境。政府资源链接成功后，未检检察官再委托司法社工常态化开展长期心理疏导及督促监护工作，司法社工回归个案管理角色，链接社会资源，对接多家志愿服务团体进行“一对一”救助，对接结对家庭，让具有科学教育理念的家庭带动和影响小乔养母转变教育理念，为家庭教育指导和督促监护提供支持。

未成年被害人及其家庭对于检察官信任度较高，使得司法社工介入较为顺利，督促监护、心理疏导效果较好。但此做法需要具有长期办案经验且熟悉各政府部门未成年人保护职责的资深未检检察官参与，对未检检察官与未成年被害人及其家庭的链接需求度高，必然要占用较大工作精力，目前尚不能保证对所有个案均能全流程深度介入。

（2）性侵类案件次生伤害风险较高，需要固定甚至强化司法社工的专业保护角色以落实督促监护。这种情况下，司法社工的个案管理角色权重比例较大，但未检检察官对于督促监护多方协同工作仍具有决定权。案件办理过程中，一旦未成年被害人及其家庭对司法机关、政府部门产生极大不信任，甚至产生对立情绪，最终可能导致不利于未成年被害人权益维护的局面。这种境况下，需要司法社工不断强化自身中立性，积极回应未成年被害人及其家庭的情绪表达，引导未成年被害人及其家庭对案件结果有合理期待，以按需提供实际支持为切入点，建立信任关系，摸排监护风险，与未成年被害人及其家庭达成同盟，制定次生伤害预防及应急方案，落实跟进。在办理的孙某某等人强奸案中，因案发地在被害人所居住的村庄，涉案人员均为同村或邻村村民，被害人隐私泄露、负面舆论压力过大，不得不搬离原居住地生活。因案件在当地影响大，知情人员多，至今被害人已脱离原社区街道3年，被害人的社交账号依旧会遭受跟案件有关内容的攻击和“污名化”谣言。为保障被害人家庭监护、保护功能不被弱化，司法社工一直跟被害人及其家庭保持联系，及时发现相应线索，提报检察官，再由检察官给予维权建议。

此种模式下，有助于避免性侵害案件中未成年被害人及其家庭因陷入贞洁耻感、精神病耻感等偏见带来的次生伤害以及因隐私泄露而造成权益再度受损的情况。但因个案服务跨度周期较大，对未检检察官和司法社工队伍的稳定性要求较高。

2. 完善监护监督流程，以未成年被害人成长阶段为基准，制定个案服务和回放跟踪计划，打造“发现—调查—评估—处置—回访跟踪”的全流程完整监督链条。具体做法如下：

（1）G县检察院建立了性侵未成年被害人“一站式”询问取证合作机制，公安机关接到报警后同步通知检察机关提前介入。未检检察官提前介入时，会向被害人及其监护人介绍工作流程，并在征得监护人同意后委托社工机构指派2名社工开展到场服务、陪伴取证等工作。配合调查取证、社会调查中的家访、会谈信息收集以及被害人救助服务的隐私保护和回访跟踪落实等工作中均需要双社工同时开展，所以G县检察院会委托机构为每个遭受性侵害的未成年被害人适配2名司法社工开展服务，一名社工陪伴被害人，一名社工与监护人建立信任关系，确保全流程监护监督工作规范和目标达成。取证前，对于遭受严重侵害或者学龄前、小学低年级等低龄未成年被害人，司法社工会通过沙盘游戏、绘画等方式帮助被害人放松心情，同时考察其对于颜色辨别、时间确认、言语表达等方面的能力，给办案人员提供建议并告知其注意事项，协助办案人员制定较为完善的调查取证方案，避免不恰当询问对被害人造成再次伤害，或者出现询问笔录与被害人真实表达不符的情况。

2019 年以来，经过 G 县检察院与当地公安机关、司法社工的实践探索发现，当出现监护人情绪激动或者沾染证据的严重风险等情况时，在正式询问前抚慰未成年被害人及其家长情绪，制定详实的询问方案，有助于性侵害犯罪案件未成年被害人及其家庭识别和披露更多案件线索，保障侦查活动顺利进行，最大限度地维护被害人权益。对于因证据不足未能刑事立案或者判决结果未达到当事人心理预期的案件，由于司法社工前期与未成年被害人及其监护人已经建立信任关系，能够给予持续关注并及时安抚情绪给予疏导，可以有效避免被害人及其监护人因冲动而做出过激行为，从而衍生出其他问题。但此做法对司法社工的专业技能要求较高，可考虑有熟识儿童心理的心理咨询师加入共同开展工作。

（2）未成年被害人及其家庭的回访跟踪时间设置需要按照未成年被害人及其家庭中其他未成年人能够完全离开原生家庭独立生活为结束点，而不仅仅是达成复学、恢复日常学习生活为结束点。特别是监护侵害类案件，尤其是生父性侵且生母不愿解除婚姻关系的情况下，督促监护的回访跟踪时间设置需要以未成年被害人的成长周期为基准，至少以能够离开原生家庭独立生活为重要结束点，同时还需要考虑侵害人的服刑时间，评估其他未成年人子女的家庭风险因素。如办理的肖某某强奸案，被害人小月（16 周岁，化名）被生父性侵，办案过程中出现生母引导小月翻供的情况。生父被判有期徒刑 5 年，且家庭中有妹妹（8 周岁），司法社工在小月进入工厂独立工作结案后，制定了不少于 10 年的跟踪回访计划。每年中秋、春节前夕司法社工会对小月及其生母进行回访，了解小月及其原生家庭生存状态。在距离其生父出狱不到 1 年的时间点，司法社工跟其生母沟通生父出狱后的家庭生活计划和具体住址，并强化对母亲监护能力的提升，尤其强化其保护未成年子女的能力。

此做法虽然能够通过贯穿未成年被害人成长周期，对未成年被害人的保护做到最大化，对潜在风险保持长期关注并做好风险防控，但对于司法社工与未成年被害人及其家庭的链接度要求较高。对比同类型与司法社工未建立牢固的信任关系及高链接度的未成年被害人及家庭，只能靠司法救助金等暂时性帮助保持联系，无法达到持续关注和防控风险的目的。

3. 拓展对于未成年被害人及其家庭多元需求的专业服务，实现服务中落实督促监护。具体做法如下：

（1）建立驻院、驻街道（村居）、驻校工作机制，探索全环境监护监督经验。G县检察院以建立县级未成年人检察工作社会支持体系协同化办公室为载体，将家庭教育指导站与县综合未成年人司法保护中心、司法社会工作站、“一站式”取证中心、心理疏导工作室、法治教育基地整合，通过集中阵地融合和功能升级，实现寒暑假、周末的预约开放，进一步增加对家庭教育指导资源的赋能和供血。目前，G县检察院能够实现家庭预约指导常态化，定期向未成年被害人及其家庭提供情绪疏导、心理测评、家庭治疗、心理需求评估等专业服务，同时提供政策咨询、活动推荐、救助服务、心理门诊陪诊、职业规划、矛盾化解等社会专业服务。同时G县检察院还成功链接慈善资源支持，2019年起，北京妇女儿童基金会提供父母家庭教育参与评估技术；2021年起，“你我伙伴”性教育支持平台提供6—18周岁全面性教育，包括性侵被害预防、避孕怀孕等内容；2023年起，爱佑慈善基金会提供10个以上性侵未成年被害人个案救助指标，让司法环节以外的家庭能够继续获得资金支持用于创伤疗愈。2023年，审查起诉阶段未成年被害人及其家庭成功介入率较往年提升一倍。G县检察院通过“未检检察官+社工+N”打造订单式送法进校园，根据学校需求，研发《杜绝色情制品》《青春期成长三联》等多个专题课程，有效提升了法治教育针对性和精准性。目前，还研发了不受场景限制的普法内容教学工具包，成功完成了所有辖区偏远乡村中学授课。

该方式能够通过检察履职促推未成年人保护相关职能部门共同履职，但是各相关职能部门的作用发挥还有待进一步完善。比如，与民政部门在农村留守儿童和困境儿童权益保护、与妇联在涉未成年人案件全面开展家庭教育指导工作、与教育部门在促进校园防性侵、欺凌防控等工作机制建设和完善、与卫健部门在构筑未成年被害人多部门协调救助机制等方面还需要持续发力。

（2）建立未成年人各年龄段性教育、自护教育、人际关系教育、心理健康等多元需求课程资源库。对始终拒绝接受心理援助、家庭教育指导的未成年被害人及其家庭分为两种：一种是对于未成年被害人隐私全面进行封锁拒不告知。检察官根据了解的未成年被害人年龄、性别情况、案件情况及其家长接触印象等，与司法社工做出初步判断，形成服务指导手册、定制化书单和亲子互动教具包，在后续与监护人或委托律师接洽中赠送。另一种是只跟监护人建立线上联系。基于家长疑虑、被害人自身不愿意接受服务等情况，除了运用前面赠送服务指导手册、定制化书单和亲子互动教具包等方法，定期推送相适配的线下亲子活动，做好隐私信息脱敏，加强非案件办理的自然接触机会，弱化司法社工的被害人援助专业角色，强化心理健康普及、青春期教育、厌学辍学、欺凌预防等角色的职能发挥。

上述做法能够为未成年被害人及其家庭提供及时的相应知识普及，提升司法社工服务的介入率。但是对于家长监护意识和能力有一定要求，对于部分存在严重偏差、精力不足、文化程度较低的监护人并不适用。

综上所述，未检检察官与司法社工的工作范围不再单纯按岗位职责进行区分，而是将性侵案件未成年被害人最佳权益和案件整体承办质效放在首位，将工作内容重新细化，做进一步拆分，按承接个案的司法社工的能力调整未检检察官在社会化工作上的介入权重。实践中，普遍存在专业资源不能满足现有服务需求，资深司法社工及有治疗创伤经验、家庭治疗的心理咨询师稀缺等问题。检察官可以通过个案委托逐渐实现对司法社工队伍的培育。对初级司法社工的培育重在流程规范、信息收集能力提升和关系建立经验积累等方面，由其优先完成被害人家庭背景调查的信息收集和常态回访跟进等，评估监护风险和处置交由检察官主导角色完成。作出未成年人风险评估后，检察官对高风险家庭继续保持关注协同，高风险除外的其他个案，可根据情况全部转介具有相应经验的司法社工，由司法社工进行全链条、全环境回访监督。由此实现司法社工逐渐承担起更多司法环节能够分化出来的督促监护的工作内容。

## 三、性侵害案件中督促监护的完善路径

### （一）明确检察机关关于性侵未成年被害人督促监护的主体地位

根据《民法典》第36条的规定，监护人存在监护侵害（实施严重损害被监护人身心健康的行为）、监护缺失（怠于履行监护职责且拒绝将监护职责部分或者全部委托给他人，导致被监护人处于危困状态）行为的，人民法院根据有关个人或者组织的申请，撤销其监护人资格，依法指定监护人。根据《民事诉讼法》第15条、第58条的规定，在民事诉讼中，在涉及未成年人利益受损的情况下，如果没有利益保护机关或组织，或者相关机关和组织没有提起诉讼的情况下，检察机关可以直接向法院提起诉讼。检察机关是唯一贯穿未成年人司法保护的政法机关，其监督职能应延伸至监护履职的事前、事中、事后环节，但现阶段检察机关只能依托于性侵害刑事案件发生后对监护权撤销之诉进行支持起诉，可以探索对有证据证明却又尚未实际实施的监护人预期性侵害进行实质性审查之后向法院提起诉讼。

### （二）加强未检社会支持体系建设，构建完整的督促监护体系

未成年人的督促监护涉及生活的方方面面，需要社会各界参与，检察机关应充分发挥法律监督职责，督促相关部门履职尽责，链接各类资源为未成年人服务。加强未检社会支持体系建设，形成完善的以检察机关为主导的政府保障、社会参与、司法监督三位一体的未成年人督促监护体系，实现未成年人监护事前、事中、事后全方位监护。政府保障即政府相关部门均应履职尽责，民政部门应承担法定情形下的临时监护、长期监护职责，做好督促监护的兜底工作。社会参与是指社会团体、组织也应参与到未成年人督促监护中，尤其是妇联、团委等社会团体为未成年人督促监护提供支持和帮助，常态化开展家庭教育指导、心理疏导、监护评估等专业服务。司法监督是指检察机关等政法部门要对监护侵害犯罪依法严惩，对失职监护人及时进行训诫及家庭教育指导，对失职相关政府部门开展监督，提出检察建议、司法建议等。

### （三）完善督促监护流程，形成闭环，保障督促监护效果

构建从线索发现到调查评估、分级处置、跟踪反馈的督促监护流程，以实现督促监护的最大化效果。以最大力度落实强制报告制度，引导“旁观者”转变为“参与者”，督促相关职能部门、组织建立常态化的强制报告考核机制，倒逼主动发现、主动报告。制定未成年人家庭监护调查能力评估指南，将调查评估委托第三方社会组织进行，对未成年人及其家庭基本情况、监护人的监护能力、监护条件、监护质量等进行综合评估。针对评估结果对不同监护人开展不同力度的督促监护，对监护失职人员开展家庭教育指导，提高监护能力；对监护侵害人员，依法由检察机关支持起诉撤销监护权并依法指定监护；对监护缺失未成年人，民政部门及时介入临时监护，对受侵害的未成年人开展心理疏导，减少再次伤害。同时，定期开展监护

回访跟踪，评估监护状况，调整督促监督措施。

### （四）引入司法社工，增强督促监护的专业性和时效性

未成年人保护工作是一项集综合性、系统性、专业性于一体的工作，督促监护是未成年人司法保护的重要内容。未检检察官虽然熟悉法律法规，但在心理学、教育学、社会学等专业知识方面尚有欠缺。办案过程中的社会调查、监护评估、心理疏导等特别程序会占用未检检察官大量精力。除此之外，检察官的公诉方身份易导致在开展社会调查、监护评估等工作时带有较强的控方色彩，部分案件中可能影响相关调查的效果。司法社工是目前可以选择的、能够配合司法机关开展社会调查等专业性司法辅助工作的机构。将未检社会化工作通过政府购买服务的形式交由第三方社工机构，一方面能够提高专业化工作的质量，实现未检专业化办案与社会化保护的有机融合；另一方面能够保障在较短周期内作出客观、公正的评估结果，为后续案件处理提供可靠依据。

# 工作研究

# 性侵害未成年人案件的刑法规制、诉讼程序与综合保护

刘滢溪　程照锦*

近年来，性侵害未成年人犯罪形势越发严峻，且展露出被害人低龄化、侵害形式新型化、发生场所隐蔽化、取证复杂困难化等新问题，已经成为侵害未成年人权益中最为突出的犯罪。相关部门通过制定司法解释、健全协作机制等举措，不断加大对性侵害未成年人犯罪的打击力度。2024 年 6 月 2 日，由北京师范大学未成年人检察研究中心主办的“性侵害未成年人案件办理机制的回顾与展望”研讨会在北京举办。来自全国人大法工委刑法室、最高人民法院、最高人民检察院和公安部等中央和地方实务部门的代表以及从事相关研究的专家学者参与了此次会议，围绕性侵害未成年人案件中的实体法、程序法、证据法、保护与救助机制等问题进行了深入探讨。

## 一、性侵害未成年人案件的实体法问题

在依法严厉惩治性侵害未成年人违法犯罪的背景下，我国刑事立法对未成年人性权益的保护尚存在及时性、统一性、针对性三方面有待完善。一是在社会快速数字化转型的时代背景下，性侵害行为

---

* 刘滢溪，北京师范大学法学院博士研究生，北京师范大学未成年人检察研究中心研究人员；程照锦，北京师范大学法学院博士研究生，北京师范大学未成年人检察研究中心研究人员。本文系国家社科基金重点项目“中国特色未成年人司法基本原理研究”（22AFX012）的阶段性成果。

方式层出不穷以至于难以及时规制；二是部分条文适用存在不确定性，导致在司法实务中难以统一和应用；三是现行性侵害未成年人犯罪刑事规制体系仍依托于成年人刑法，未充分考量未成年人群体的特殊性。基于此，为落实打击性侵害未成年人犯罪、实现未成年人全面保护，与会专家指出了实体法完善的三个方向。

### （一）革新性侵害未成年人犯罪的立法理念

当下刑事规范呈积极预防性的立法趋势，性侵害未成年人犯罪的规制理念也需顺应潮流、与时俱进，以推进未成年人性权利保护的综合化、全面化。

一是扩大性侵害未成年人的行为范畴。目前我国刑法及相关解释意见并未对性侵害未成年人犯罪进行明确的理论界定，而是通过列举现有传统性侵害犯罪罪名的方式圈定规制的行为范畴，但社会迭代下性侵害行为正在极速更新，规定固化以至于适用僵化，现行界定显然无法满足性侵害未成年人犯罪的防控需求。与此同时，国际社会通常将“性剥削和性虐待”作为性侵害未成年人行为的主流定义，不仅包含引诱或强迫未成年人参与性活动的行为，而且囊括了利用或企图利用未成年人不平等地位以剥削其性权益获取利益的行为。此定义突破了传统理念框架，涵盖了非强迫性、非接触性等新型性侵害行为的特征，与时俱进地拓展了性侵害未成年人犯罪的边界。故而有专家建议办理性侵害未成年人案件可以采用“性剥削与性虐待”的行为标准，统一并扩大我国未成年人性权利保护的范畴，奠定性侵害未成年人犯罪立法体系重构的基础，进而强化严惩性侵未成年人犯罪的力度。

二是扩张性侵害未成年人的犯罪场域。当代未成年人已成为“数字原住民”，其成长与互联网深度关联。然而，网络空间基于其虚拟性、隐匿性属于外部监督防控的难点与盲点，未成年人触网低龄化、便利化、常态化叠加其脆弱、不成熟、自我保护意识淡薄的特性，共同催生了网络性侵害未成年人犯罪高发的现象。同时，网络空间具有聚合性、超时空性，性侵害未成年人展露出一对多甚至规模化、扩散速度快、辐射范围广等新问题，危害程度更深、周期更长，严重威胁了未成年人的健康成长。特别是线上性侵害行为不仅方式多、迭代快，而且易转化为线下性侵害的媒介风险也不容忽视。我国虽通过发布司法解释和指导性案例等措施将个别性侵害未成年人犯罪的场域延伸至网络空间，但仍显保守，性侵害未成年人犯罪场域亟须向网络空间进行全面扩张。

三是扩充性侵害未成年人的责任主体。我国性侵害未成年人案件中的犯罪主体一般为直接侵害人，实施侵害预备行为或周边行为的主体不会被追究法律责任。而网络社会下，性侵害未成年人犯罪更易衍生出多种侵害未成年人的其他犯罪，其剥削性及社会危害性急剧上升。故而有学者主张通过更全面的法律评价给予未成年人更高层级的保护，即全方位打击性侵害未成年人犯罪链。具体而言，性侵害未成年人活动中的参与主体均需承担相应的责任，包括组织者、传播者、网络服务提供者、儿童淫秽制品持有者等，而非局限于直接侵害主体的规制。特别是在网络性侵未成年人犯罪中，网络服务提供者基于技术、管理等身份便利，应承担更多的责任与义务，如事前审查义务、发布提醒义务、强制报告义务、及时删除义务等，助推保护效率与效力的提升。

### （二）优化性侵害未成年人犯罪定罪的标准

定罪是司法机关判定某一行为是否有罪、构成何罪的活动，其考量标准有二——事实违法性的入罪认定与价值有责性的出罪评价。风险社会下，我国对性侵害未成年人犯罪越发秉持从严惩处的态度，如隔空猥亵未成年人行为犯罪化，性侵害未成年人的规制已展露出积极性、预防性的立法态势，司法判定标准亦需与其相适配。

一方面，性侵害未成年人犯罪的入罪门槛需降低。一是前置化入罪，即增设对预备犯、危险犯的违法性评价，包括规制性引诱未成年人、持有儿童淫秽制品等行为，并构建“行政处罚—刑事制裁”的阶梯式惩治机制，打击端口前置的同时做到严而不厉。二是独立化入罪，即针对网络性侵害未成年人行为进行独立评价。线上、线下性侵害未成年人行为间危害程度的差别毋庸置疑，区别化认定显然更符合罪责刑相适应原则。三是专门化入罪，即在性侵害未成年人犯罪体系之外新设“儿童淫行罪”，不仅可以绕开成年人法益保护范围之局限，而且可作为兜底罪名，贯彻特殊、优先保护未成年人的司法理念。

另一方面，性侵害未成年人犯罪的出罪适用要谨慎。为防止刑法过度工具化、彰显刑法谦抑精神，保障性侵害未成年人犯罪中的出罪渠道基本又关键。但基于最有利于未成年人的统领性原则及司法机关对性侵害未成年人犯罪“零容忍”的态度，出罪评价更应综合考量案件因素审慎作出。以幼女自愿发生性关系的案件为例，亟须兼顾打击犯罪与保障人权的平衡以判定出罪与否。首先是行为人年龄要素的考量，行为人若系与被害人年龄相差不大的未成年人，则可通过两小无猜条款出罪；行为人若为成年人，则需进一步考量“明知”要素，明知被害人为幼女，即使行为缺乏强制性也无法出罪，而若其缺乏明知可能性，如存在行为人尽到注意义务且被害人积极隐藏、被害人发育较为成熟等缺乏客观无法明知的情形，则可出罪处理，贯彻宽严相济刑事政策。

### （三）把握性侵害未成年人犯罪量刑的尺度

刑事司法领域就性侵害未成年人犯罪坚持“最高限度保护”“最低限度容忍”的指导思想，即在法律规定与行为事实的基础上不仅要明确落实从严的量刑情节，更要严格确定从宽的量刑程度，确保罪责刑相适应。

一方面，从宽适用从重、加重处罚条款。虽然司法解释进一步细化了性侵害未成年人犯罪的从重、加重处罚情节。如明确列举奸淫幼女、强奸未成年人的从重处罚情形，“情节恶劣”“造成被害人伤害”加重处罚情形等。但性侵害案件复杂多变，情节不胜枚举，实践困惑与分歧问题明显。鉴于此，有专家提出，实践办案与裁量应立足于立法精神与原意之上，减少性侵害未成年人犯罪从重、加重量刑的限制性因素、适度扩张相应情节的解释与适用更符合从严惩处的司法政策，包括“长期实施强奸”可囊括“多次”“公共场所当众猥亵，情节恶劣”不强制要求在场人数等。

另一方面，从严控制从宽处罚及从宽幅度。认罪认罚、积极赔偿、达成谅解均属于法定从宽量刑情节，通过综合考量犯罪性质与程度、赔偿能力与金额以及认罪悔罪表现等因素，可以适度依法从宽办理性侵害未成年人犯罪案件。然而，有专家指出，性犯罪给未成年人带来的身心创伤重大、恒久甚至不可逆，严重危害社会治安，也引发强烈群众反应，从宽幅度的选择应更为审慎，建议控制在10%以内，进而实现政治效果、法律效果、社会效果的统一。

## 二、性侵害未成年人案件的程序法与证据法问题

从特殊保护的视角出发，我国《刑事诉讼法》《未成年人保护法》等法律中规定了刑事诉讼程序中未成年人的特殊规则，司法办案机关也发展出了特殊工作机制，以实现对未成年人尤其是性侵害未成年被害人的保护，避免或减少诉讼活动对未成年被害人带来的二次伤害。近年来，性侵害未成年人案件的程序问题与证据问题均有了新的学术发展和实践进步，但面对此类案件的特殊性，仍有许多关键问题有待理论研究和实践应对。

### （一）性侵害未成年人案件的特殊工作机制

性侵害未成年人案件隐蔽性强，存在客观证据不足、取证难度较大、司法机关的证据审查判断和事实认定不同等问题，传统办案模

式不适合未成年人身心特点，“一站式”办案救助机制应运而生。“一站式”集合了性侵害未成年人案件办理、未成年被害人保护、犯罪未成年人保护等功能，不仅能够收集固定证据，在检察院提前介入的情况下，提高调查取证工作效率，也能避免对被害未成年人多次询问造成二次伤害，最大程度保护未成年被害人的隐私和个人信息，还能及时采取相应的救助保护措施，充分体现了公安、检察机关对“在办案中保护，在保护中办案”的工作理念。

以某地“一站式”未成年人保护中心为例，其工作流程大致如下：一是派出所接案后通知少年警务办公室，由少年警务办公室指派女民警到场负责询问，通知合适成年人、未检检察官、多专业会商小组成员（包括社工、心理医生、医务人员、儿童保护专业人员等）到场；二是询问准备，由合适成年人到场陪同儿童，社工或心理专业人员抚慰儿童、对儿童身心状况初步评估，未检检察官与询问民警制定询问策略；三是询问和取证，询问时未检检察官、民警、多专业会商小组同步观察，对询问和证据提供指导和建议，保证证据的有效性，同时对未成年被害人进行医疗检查、伤情鉴定、生物检材提取；四是多专业个案会商，拟定跟进计划并指派专业社工跟进个案服务；五是综合保护个案服务，在专业社工对儿童及家庭开展深入社会调查后，小组再次组织会商，做出更为综合全面的儿童保护及福利计划、后期帮扶计划，并安排专业社工跟进个案。该地公安司法机关规定性侵害未成年人案件必须在 24 小时内进入未成年人取证与保护的“一站式”中心办理。

“一站式”办案救助机制经历了基层首创到全国推广再到顶层设计的过程。整体而言，我国各地“一站式”办案救助机制的建设成效较为明显，但仍存在以下几个方面的问题：一是各地发展不平衡，有些地区虽然建设有“一站式”办案场所，但是缺乏具体明确的适用程序和制度规范；二是由于司法办案机关之间协调不畅，各地“一站式”办案救助机制未能充分发挥作用，“一站式”办案场所办理案件数量仍然较少；三是一次性原则落实不理想，实践中仍有大量案件存在反复多次询问的情况。针对以上问题，“一站式”办案救助机制的完善与发展应从以下几个方面开展：一是建设专业队伍与办案专门化，尤其是侦查人员的专业化；二是完善未成年人救助保护体系，办案机关要与民政部门、妇联组织等建立长效协调机制；三是充分发挥侦查协作性，对于重大疑难复杂案件，在对被害人首次询问之前，公安机关应当商请检察机关提前介入；四是培育成熟的社会支持体系，提升社会工作者、心理咨询师等支持力量的专业化和规范化水平。

除了“一站式”办案救助机制外，公安机关还建立了办理性侵害未成年人案件的“三统一”“四专”“五快”工作机制，即性侵案件由刑侦部门统一受理、统一勘查、统一侦办，指定专人办理、设定专门区域、配备专业设备、开展专业培训，依法快受理、快立案、快勘查、快侦破、快移送，在逃人员一人一策。跨省涉网性侵害未成年人案件一律提级办理，开展专项打击行动，并与其他相关专项行动结合，重拳打击性侵害留守儿童和利用网络性侵害未成年人犯罪。

### （二）性侵害未成年人案件的程序法问题

惩罚犯罪与保障人权是刑事诉讼的目的和任务，但未成年人的脆弱性决定了其在刑事诉讼中适用特殊的程序规则，实现未成年人的特殊保护与诉讼权利保障的平衡是刑事诉讼的应有之义。与会专家从三个方面探讨分析了性侵害未成年人案件中的相关程序问题。

一是被追诉人质证权的保障。保障被告方的质证权是验证被害人陈述可靠性的重要方式之一，但是传统的出庭作证方式会对未成年人造成二次伤害，影响其陈述的完整性和可靠性。同时，我国未成年人出庭作证存在特殊保护措施运用率较低、未成年被害人出庭作证标准不明确、基于偏见和强奸迷思的发问时有发生等现实困境。

从平衡性侵未成年被害人作证保护与被告人质证权保障之间的冲突的角度出发，可以在审前程序由法官在被告人不在场的情况下询问未成年被害人、证人，或者仿效挪威做法并与我国“一站式”机制相结合，即在“一站式”办案场所中由中间人对未成年人进行询问。

二是刑事诉讼程序中有专门知识的人参与。性侵害未成年人案件的各个诉讼阶段均需要心理、社工等专业力量支持，心理咨询师、社会工作者等专业人员在侦查取证、涉案未成年人的权利保障与救助保护等方面发挥了重要作用，但是此类有专门知识的人在刑事诉讼中的诉讼地位和权利义务尚不明确，其对未成年人言词证据的影响以及在法官审查判断中的作用等研究不足，有待制度研究和规则细化。

三是刑事诉讼法第四次修改中相关制度规则的调整。刑事诉讼法特别程序中的未成年人刑事案件诉讼程序专章，规定了社会调查、合适成年人、附条件不起诉等针对涉罪未成年人权利保障的特殊制度。但是专章规定集中于未成年被追诉人的权利保障，从双向保护的视角出发，此次修改需要重视未成年被害人的相关权利保障，调整合适成年人与法定代理人在场的关系，协调刑事诉讼法与未成年人保护法中的相关规定，最大程度保护未成年被害人的利益。

### （三）性侵害未成年人案件的证据法问题

未成年人的表达能力和认知水平有限，易受其父母等家属影响，同时部分案件跨度长、被害人指控次数多，但因被害人年龄小或者时间久远无法准确描述被性侵的具体次数和每次被性侵情形的情况，使得办案机关能够获取的证据有限且证明力不足。侦查阶段言词证据的取证是案件办理的基础，“一站式”办案机制和性侵未成年人案件询问指引在性侵未成年人案件的取证中发挥了积极作用，但性侵害未成年人案件言词证据的质量仍有待提升。目前，询问性侵害未成年被害人存在权利义务告知花费时间且增加儿童认知负担、询问不必要问题、笔录制作打破询问连续性等程序问题，以及缺少询问中的准备工作、使用了儿童难以理解的语言、缺少必要的支持激励、采用危险的暗示性询问方法等技术问题。应当继续开发询问工具，引入域外的询问辅助工具等技术方案，引入儿童心理专家，同时设计培训方案以提高办案人员的专业性，提高未成年被害人陈述证明力的同时，减少诉讼程序带来的消极影响。除了提升未成年被害人陈述质量外，还应当重视犯罪嫌疑人供述的取证。由于客观证据不足，性侵害案件中犯罪嫌疑人的侥幸心理突出，同时对性侵害案件的从严打击加重了犯罪嫌疑人拒绝供述和畏罪心理，难以获取犯罪嫌疑人供述且容易翻供。因此，应当关注性侵害犯罪嫌疑人的心理特点，学习域外审讯经验，研究设计相应的审讯方案，以增强性侵害未成年人案件犯罪嫌疑人言词证据的证明力。

由于性侵案件极其依赖言词证据，一旦被追诉人不承认其实施了犯罪行为，则该案证据将会陷入“一对一”证据困境，因此证明问题始终是实务中的难点。在证据采信方面，要适用综合情境认定原则判断被害人陈述的真实性，即对被害人陈述形成的时间、背景、神态动作、被害人年龄认知、记忆和表达能力、生理和精神状态、被侵害前后表现以及双方关系、案发环境、案发过程等情境因素判断被害人陈述是否真实。在证明标准方面，法定证明标准不能降低，但可以调整对证明标准的理解。2023 年最高人民法院、最高人民检察院、公安部、司法部出台的《关于办理性侵害未成年人刑事案件的意见》第 29 条坚持了法定证明标准，但在证明标准的把握上强调“排除合理怀疑”的适用，强调了辅助证据的收集，弱化“证据相互印证”的要求。重点在于司法人员办案观念的转变，破除传统印证规则的束缚，适用排除合理怀疑标准，强调事实判定者的内心确信。判断被害人陈述的真实性后，采用最佳解释推理方法，即确立假说后通过一定标准排除事实假说并选出最佳的假说。同时坚持存疑有利于被告人原则的适用，保护被告人的诉讼权利。

## 三、性侵害未成年人案件的保护与救助问题

### （一）性侵害未成年被害人的保护与救助

目前我国性侵害未成年人犯罪形势不容乐观，为落实性侵害未成年被害人的保护工作，该类案件办理已进行综合司法保护的尝试。然而，对未成年被害人的救助仍过度依赖于司法保护，尤其是刑事司法的力量，重追诉轻保护以至于参与主体、参与阶段均有所局限，进而不利于救助的专业性、及时性、全面性。具体而言，一是家庭保护相对缺位，部分监护人怠于监护或监护不能，家庭教育指导配合意愿较弱，第一道防线失守；二是社会支持滞后，心理咨询师、援助律师、社工服务者等专业队伍力量有待壮大、介入阶段相对较晚，且缺乏充足的经济资源支持；三是救助赔偿有限，仅存在提起刑事附带民事诉讼和申请司法救助两种救助方式，故而获取赔偿的渠道匮乏、时机延后、要求多而耗时长，精神损害赔偿基于证明困难更是难以判定，最终被害人很难获得经济赔偿或赔偿数额较少；四是隐私保护不足，不仅是涉案人员对被害人个人信息的保护意识有待强化，新闻媒体也存在不当报道、过度披露被害人隐私的问题，同时网络性侵害未成年人案件中未成年人私密信息线上存储和传播现象更为严峻。可见，性侵害未成年人案件中保护与救助的效果仍不够理想，未成年被害人多元的帮扶需求难以被切实满足。值得重视的是，相较于一般的被害人，性侵害未成年被害人更为特殊、脆弱，兼具未成年人与特殊案件被害人的双重身份，不仅身心创伤恢复的阻碍更大，而且更可能遭受“二次伤害”，甚至更易诱发其行为的恶逆变进而转化为施害人，因此亟须构建一个更为完善、全面的机制以针对性地对该群体进行保护、救助，助推其复归社会。

健全性侵害未成年被害人保护与救助的独立程序机制是主轴。一方面，需完善以司法保护为核心的“一站式”询问机制。不仅要加

强侦查引导，建立高效顺畅的检警协作机制，保障检察人员的及时介入和提示，而且要规范办案标准，配备并固定必要的设备，奠定一次询问原则落实之基础。另一方面，应搭建体系化未成年被害人保护救助的社会支持机制，国家亲权原则下实现多部门联动链接社会资源，引入并培养心理咨询师、社工、法律援助律师等相关专业人才，以儿童的需求为本，形成个案化、专业化的救助流程，提供实质性、持续性保护关怀。

优化未成年被害人保护救助配套机制建设是支柱。一是完善监护权监督机制。针对监护无能或不能的，可以督促监护、责令接受家庭教育指导，而对于监护人性侵害未成年人的，应明晰有权机关依法撤销监护权并配备临时监护措施。二是建立未成年被害人心理救助工作体系。帮扶主体特殊化、针对化、专业化，实现心理评估报告规范化司法应用，以提供相对稳定、长期且有效的心理救助。三是细化救助赔偿机制，分类并简化司法救助办理程序以强化救助实效，同时明晰性侵害未成年被害人精神损害赔偿的评析标准，包括行为人主观恶性程度、客观危害后果、当地平均生活水平等核心标准，案件具体情节、行为人及被害人具体情况等个案化辅助标准。四是强化性侵害未成年被害人隐私权保障。立法应进一步明确被害人个人信息的保密范围、具备保密义务的人员及违背义务相应的责任后果，特别是需完善平台法律责任层级设定，推动平台构建未成年人私密信息发掘、提示、阻止传播、销毁等防护机制。五是加强性侵害未成年被害人专项法律援助。建立专业法援律师库，保障法律援助专业化；推动法律援助队伍与司法机关联动、培训，保证法律援助服务者及时介入；从最有利于未成年人原则出发扩大法律援助的范围，包括提出刑事附带民事诉讼、撤销监护资格、人身安全保护令等。

总而言之，性侵害未成年人案件的保护与救助机制的建设，要注重保护救助机制、配套机制的联系性、整体性与体系性。同时加强机制间的统筹性、协调性与衔接性，实现性侵害未成年人案件的全方位、全流程保护与救助。

### （二）性侵害未成年人犯罪的预防

性侵害未成年人案件隐案多，未成年人风险识别能力、自我保护意识较弱，性侵害未成年人案件数量持续上升，防范工作面临挑战。需要强化不同单位的部门联动，齐抓共管形成合力。司法机关通过各类工作机制、宣传教育等方式落实对未成年人的司法保护，以后端推前端，从事后治理转向事前预防，提升性侵害未成年人犯罪预防的针对性。

一是加大相关机制落实力度。公安机关在侦办性侵害未成年人案件中落实“一案四查”制度，即查清查明犯罪事实、查明犯罪分子、查询是否属于密切接触未成年人的行业或个人、会同纪检监察部门查明公职人员是否落实相关法律法规规定。同时建立每月通报机制，整理全国酒店旅馆业涉及性侵害案件情况，将相关情况通报主管部门进行倒查。最高人民法院出台的《关于全面加强未成年人司法保护及犯罪防治工作的意见》明确了建立强制报告制度落实情况分析报告机制、相关场所法定义务落实情况分析报告机制、网络保护专项分析报告机制等，对涉未成年人案件中相关单位、场所等主体的义务落实情况形成报告，发现问题的人民法院将向有关单位发送司法建议，并及时将涉嫌违法犯罪的线索移送主管部门处理。

二是加强法治宣传教育。性侵害未成年人案件的未成年人防护意识不足，需要各单位部门持续加强宣传教育工作。一方面，继续开展进社区、单位、家庭等宣传活动及法治副校长进校园活动，同时会同相关部门开发线上防性侵害课程等。另一方面，要结合未成年人特点提升法治宣传的系统性和有效性，加强农村、职业学校等教育薄弱地区和学校的法治教育的针对性，培养未成年人对性侵害犯罪的防范意识和自我保护意识。

# 监护困境儿童综合司法保护的检察路径

陈莎莎　张纯一[*]

随着经济社会的快速发展，困境儿童群体日渐引起社会的重视。据大量新闻报道披露，困境儿童普遍缺乏亲情关怀和有效监护，在生活、学习、心理等方面出现很多问题，影响其自身健康发展与社会和谐稳定。近年来，党中央高度重视对困境儿童群体的关爱和保障工作。2016 年，国务院出台《关于加强困境儿童保障工作的意见》（以下简称《意见》），明确困境儿童的保障措施。2021 年 9 月，国务院印发《中国儿童发展纲要（2021—2030）》，提出关于困境儿童关爱保护工作的目标与措施。随着“适度普惠型儿童福利制度”工作的开展，基层儿童社会服务体系已基本实现全覆盖。[①] 但掣肘于制度体制尚不够完善等原因，困境儿童仍面临着发现难、干预难、救助难等问题。检察机关作为法律监督机关，如何实现对困境儿童的综合司法保护、优化困境儿童的成长环境，是值得思考并亟待解决的问题。

## 一、背景：困境儿童综合司法保护的必要性分析

根据《意见》的规定，困境儿童包括因家庭贫困导致生活、就

* 陈莎莎，北京市丰台区人民检察院第一检察部副主任、四级高级检察官；张纯一，北京市丰台区人民检察院第一检察部检察官助理。

① 巨东红：《大数据时代农村留守儿童、困境儿童的关爱服务研究——基于福建省的实证分析》，载《预防青少年犯罪研究》2022 年第 1 期。

医、就学等困难的儿童，因自身残疾导致康复、照料、护理和社会融入等困难的儿童，以及因家庭监护缺失或监护不当遭受虐待、遗弃、意外伤害、不法侵害等导致人身安全受到威胁或侵害的儿童。可见，监护问题是导致未成年人陷入困境的重要原因，而监护困境儿童作为弱势群体，由于缺乏有效的家庭照拂而面临物质困顿、教育缺失、精神孤苦等一系列问题。检察机关通过综合履职、进一步加强困境儿童综合司法保护是回应社会发展的现实需要，也是践行法律规定的当然举措。

### （一）回应社会发展的现实需要

据《中国儿童福利与保护政策报告 2019》数据显示，截至 2018 年，我国有困境儿童 775.7 万人。2021 年 1 月至 2023 年 12 月，北京市丰台区人民检察院在办理案件过程中共发现困境儿童 50 余人，开展经济救助 30 人，开展心理救助 300 余次。其中，由于监护侵害、监护缺失及监护不当等问题致陷入困境的未成年人占比 82%。家庭监护的缺失与未成年人陷入困境存在紧密联系，困境儿童的监护问题已然成为社会关注的痛点和治理的难点，主要表现在以下三个方面：

一是监护侵害重创未成年人心理健康。监护侵害发生在家庭成员内部，往往具有极强的隐蔽性，受害人可能因为遭受威胁、害怕其他亲人伤心等原因不愿报案、不敢报案、不能报案。而父母作为未成年人最亲近、依赖和信任的人，直接实施侵害未成年人行为，更容易颠覆未成年人的认知，使未成年人陷入孤立无援的困境之中。若实施监护侵害后的家庭成员继续担任被害未成年人的监护人，则会使未成年人置于不良的家庭成长环境，并长期处于恐惧、缺乏安全感等不良情绪中，对未成年人健康成长形成严重的负面影响。第一种是虐待、遗弃、非法送养未成年人或者对未成年人实施家庭暴力。如北京市丰台区人民检察院在办理一起强奸案中，发现被害人小芳的养母刘某某对小芳实施殴打、辱骂、逼迫其夜里拾捡垃圾等虐待行为，支持民政局申请撤销刘某某监护人资格。第二种是对未成年人实施犯罪侵害行为。如在办理一起强制猥亵案中，发现犯罪嫌疑人系未成年人小萍（女，17 周岁，化名）的继父，二人已共同生活很长时间，某日，犯罪嫌疑人醉酒后在家中对小萍实施猥亵行为，致小萍双腕软组织损伤。案发后，检察机关依法对犯罪嫌疑人从严处罚，支持起诉撤销刘某某的监护资格，并联合区法院向小萍的亲生父母制发全市首例法检联合督促接受家庭教育指导令。

二是监护缺失导致未成年人的基本权益难以保障。监护缺失是未成年人陷入生理、心理困境的重要原因。第一种是因突发事件等原因，监护人无法履行监护职责，致未成年人处于失管状态。如通过困境儿童协调会商机制了解到，小鹏（男，9 周岁，化名）的母亲患有精神分裂症，无法生活自理，小鹏的外祖父母早已去世，小鹏生父不详，小鹏自出生便没有监护人。经多方协调，由居委会委托区儿童福利院对小鹏进行临时抚养至今，由于临时抚养是过渡性的措施，小鹏的监护问题不能从根源上解决，长期面临上学、就医等方面的困难。检察机关依法支持起诉申请变更小鹏的监护人为区民政局，并获法院支持。第二种是服刑人员子女等特殊群体脱离家庭庇护，陷入事实无人抚养状态。如在办理一起性侵害未成年人案件中发现，犯罪嫌疑人杨某某在老家有一个 14 周岁的儿子，生母不详，杨某某被判处有期徒刑后，儿子处于事实无人抚养状态，基本生活面临巨大困难。检察机关及时移送救助线索，在多方努力下，当地民政机关承担起兜底监护责任。

三是监护不当使未成年人脱离家庭而陷入困境。家庭教育意识淡薄、家庭教育能力欠缺容易导致监护方式不当，致使未成年人逃离家庭，进而陷入生存受困、发展受限、心理异化的困境之中。第一种是教育方式简单粗暴。有的父母发现孩子犯错随即陷入暴怒情绪，缺乏耐心细致的说服教育，造成孩子与父母形成彼此对立、互不信任的局面，加剧了未成年人的叛逆心理、引发未成年人急切逃离家庭的不良局面。当孩子感受到家庭情感的疏离淡漠时，便会向外界寻求温暖，很容易被社会闲杂人员拉拢引诱，走上违法犯罪的道路。如办理的杨某某（男，17 周岁）等人强奸案，杨某某的母亲在其很小的时候便去世，其父亲是文盲，管教方式简单粗暴，甚至时常发生家暴的情况，杨某某正是在家庭中得不到关爱，转而去社会上寻找认同感，继而伙同他人实施犯罪。第二种是监护人不能有效履行监护职责。部分未成年人未完成义务教育就辍学外出打工，缺乏是非判断能力和应对能力，误入违法犯罪歧途。如在办理一起盗窃案中发现，犯罪嫌疑人谢某（男，17 周岁）父母均系残疾人，家境贫寒，谢某早年辍学后结识不良少年，随后走上盗窃的犯罪道路，在全国各地作案十余起。

### （二）践行法律规定的当然举措

虽然我国尚无关于监护困境儿童的专门立法，但《民法典》《未成年人保护法》等法律规范中已然饱含了国家对困境儿童群体的关注。根据《民法典》第 36 条规定，监护人实施严重损害被监护人身心健康的行为的，人民法院根据有关个人或者组织的申请，撤销其监护人资格。困境儿童可通过申请法院撤销监护人资格，以及时脱离不良家庭环境，实现权利救济。根据《未成年人保护法》第 106 条规定，未成年人合法权益受到侵犯，相关组织和个人未代为提起诉讼的，人民检察院可以督促、支持其提起诉讼；该法第 108 条规定，未成年人的父母严重侵犯被监护的未成年人合法权益的，人民法院可以根据有关人员或者单位的申请，依法撤销监护人资格。该规定赋予处于诉讼能力弱势的困境儿童以更强的法律支持，即检察机关通过履行支持起诉职能，帮助困境儿童获得强有力的诉讼支持。2016 年，国务院出台《意见》，明确困境儿童保障系各级政府民生保障的重要内容，并将困境儿童的帮扶范围从基本生存、生活保障，向教育、医疗、救护、康复、服务和发展权益扩展。2019 年，民政部等部门印发《关于进一步健全农村留守儿童和困境儿童关爱服务体系的意见》，扩展困境儿童救助范围。2023 年 10 月 26 日，民政部等五部门联合印发《关于加强困境儿童心理健康关爱服务工作的指导意见》，明确加强困境儿童心理健康教育、开展心理健康监测、及早开展有效关爱、强化跟进服务帮扶，标志着困境儿童保护机制更臻完善，对困境儿童的帮扶范围从物质保障上升到心理救助层面。2023 年 12 月 27 日，民政部联合 14 部门印发《农村留守儿童和困境儿童关爱服务质量提升三年行动方案》，从精神素养提升、监护提升、精准帮扶、安全防护等方面构筑起更加完善的困境儿童关爱保护体系，并进一步明确通过落实强制报告制度来加强监护干预、开展摸排走访建档工作，以实现对困境儿童精准帮扶，落实困境儿童分类保障、教育保障、网络保护等一系列可操作性强的制度。

## 二、难题：困境儿童权益保护的现实困难

近年来，我国政府和社会各界对监护困境儿童的关注和保障力度不断加大，但在实际工作中，困境儿童权益保护仍面临诸多现实困难。

### （一）法律困境

一是针对性的法律文件阙如。目前我国已制定了一系列涉及未成年人权益保障的法律法规，如《未成年人保护法》《预防未成年人犯罪法》等，但这些法律往往较为宏观，缺乏针对监护困境儿童这一特殊群体的专门立法。现有规定多为国务院出台的规范性文件或部门规章，内容较为分散，强制性有限，且掣肘于部门之间职责既有交叉也有空缺，发挥实效的效果有限。

二是法律救助途径有待进一步畅通。根据《民法典》《未成年人保护法》的规定，未成年人可通过向法院申请撤销监护人资格、检

察机关支持起诉等方式来实现权利救济，但困境儿童往往由于自身年龄或认知等原因，维权的意识不足，维权能力更是处于弱势，难以独立开启司法救助之门，往往需要来自外界的法律援助。但基层法律援助机构囿于人力、物力等限制，难以及时有效地援助困境儿童。

### （二）协同困境

一是困境儿童数据分散，部门协同有待加强。未成年人遭受监护侵害后，相关行政机关、群团组织、社会组织基于各自的未成年人保护职责，均掌握部分困境未成年人数据，但碍于缺少数据共享，致未成年人的困顿状态迟迟难以被发现。

二是监护监督薄弱。未成年人陷入困境往往与监护失当紧密关联，但检察机关在办案过程中发现，很多困境儿童的监护人自身存在较为严重的认知偏差，对司法机关的监护监督持排斥心理。如办理的小飞（男，17周岁，化名）盗窃案，早年辍学的小飞在他人唆使下偷盗他人电动车，事发后小飞的父亲多次在派出所滋扰、闹事，极力否认小飞的过错和犯罪事实，拒不接受检察机关的劝诫和家庭教育指导，小飞在其父亲的影响下也拒不承认自己的犯罪事实，最终小飞失去认罪认罚从轻处理情节而被法院判处实刑。

### （三）保障困境

一是人身安全隐患相对更多。困境儿童的安全防范意识、应变能力和自救能力相对匮乏，容易遭受犯罪侵害。[①] 如办理的一起性侵害未成年人案件中，被害人小花（女，12周岁，化名）系父母双亡的孤儿且存在智力残疾，平时由叔叔婶婶负责照看，一天趁叔叔婶婶不注意偷偷跑出家门来到北京，被犯罪嫌疑人性侵害并试图将小花

① 苗政军：《农村留守儿童和困境儿童关爱保护路径选择——以吉林省为例》，载《行政与法》2021年第12期。

带回老家，所幸小花的叔叔婶婶及时报警，后小花被警方在大巴车上解救。案发后，检察机关在依法从严惩处嫌疑人的基础上，向小花发放司法救助金，并向小花的叔叔婶婶制发督促监护令，督促其保障小花健康成长。

二是社会参与不足。困境儿童权益保障需要全社会的共同参与，但目前社会参与困境儿童保障工作的力度疲软，社会组织、志愿者等参与困境儿童服务的数量和规模有限，难以形成有效的社会支持体系。在很多经济欠发达地区，司法社工、志愿组织、专家智库等资源匮乏，也缺乏资金或机构来组织专业人员参与到未成年人司法保护工作中，而这些地区的困境儿童数量往往最为集中。

## 三、规则：困境儿童综合司法保护的检察路径

检察机关既是“国家公诉人”，更是“权利监督人”，可充分发挥“捕诉监防教”一体化职能，推动监护困境儿童综合司法保护，更好地实现未成年人利益最大化。

### （一）以履行法律监督职责为基础，构建困境儿童监护监督体系

家庭保护是保障未成年人健康成长的基础，父母的教育引导对于未成年人的成长具有不可替代的重要作用，困境儿童救助也应尊重家庭抚养优先的顺位。一方面，帮助监护人履行好监护职责。检察机关可以通过政府购买服务等方式帮助困境儿童的监护人提升监护能力，充分运用妇联的“儿童之家”“妇女之家”、关工委的“五老”等优势资源等，开设“周末家长课堂”，设立个案咨询室、亲子阅读绘本馆、爱心书屋等，以“集中授课 + 分组讨论 + 专题沙龙”的方式授课，修复家庭亲子关系，筑牢困境儿童家庭保护的第一道“防线”。同时，依托集中统一办理优势，促进“监护监督”和“法律监督”协同发展。如针对辍学的困境儿童违法犯罪，既反映出家

庭监护缺失问题，也反映出受教育权缺失的问题，检察机关在推动解决家庭教育问题的同时，发现涉及不特定多数未成年人利益的，可同时开展控辍保学公益诉讼。另一方面，必要时依法启动支持起诉检察职能。针对不依法履行监护职责致使未成年人合法权益遭受侵害的监护人，检察机关依法开展支持起诉，向法院申请撤销、变更其监护人资格或确认其他适格主体为监护人。如北京市丰台区人民检察院办理全市首例检察机关支持起诉变更监护人案件，破解未成年人“九年未决”的监护缺失难题，从根本上解决民政局为其安置衣食住行、上学就医等现实问题。

### （二）以数字检察为契机，驱动困境儿童发现干预救助

信息时代“数化万物、万物皆数”，数字检察战略方兴未艾，困境儿童综合司法保护也应借助数据要素的力量，充分释放大数据潜能，打开工作新路径。一方面，加强困境儿童信息共享和动态监测。检察机关主动加强与民政、法院、教育等单位的沟通联系，实现数据互联互通，促进辖区内困境儿童数据信息共享，凝聚合力解决未成年人的困顿状态。如北京市丰台区人民检察院通过搭建困境儿童协调会商机制，调取儿福院内未成年人的数据，并与区民政、公安、法院、社区等困境儿童数据碰撞分析，发现儿福院的部分未成年人虽有法定监护人，却因监护人不能履职、拒不履职等原因，被迫长期滞留在儿福院，随后通过梳理证据清单、多方调查取证、研讨起诉案由、提交支持起诉书、出庭支持公诉等方式成功解决了4名困境儿童的监护问题。另一方面，培养数字化的思维和技能，探索大数据模型建用。北京市丰台区人民检察院强化数据赋能，构建起困境儿童支持起诉案件法律监督模型，数据赋能畅通困境儿童救助途径，目前已运用模型发现民事支持起诉线索10件，成案率为100%，6件获法院判决支持，并同步开展司法救助6件，移送行政处罚1件。

### （三）以检察社会支持体系为依托，形成多维度关爱帮扶模式

困境儿童权益保障是一项复杂的社会工程，涉及诸多社会领域的分工配合，检察机关要积极配合有关部门建立困境儿童救助协调机制，通过“公办和民办公助”等形式调动更多的社会资源参与进困境儿童保护事业。[①] 一方面，充分发挥检察社会支持体系作用。检察机关在办案的同时，为帮助未成年人走出困境，需要开展社会调查、心理干预、人格甄别等一系列工作，这些工作离不开专业社会力量的支持。近年来，检察机关大力推进未成年人检察社会支持体系建设，如北京市丰台区人民检察院、区团委联合北京青少年法律援助与研究中心、丰台区中鼎社工事务所、丰台区云家心理社工事务所签署《“青春引航”未成年人社会支持框架协议》，搭建了包括法律援助、公益组织、司法社工、心理咨询师等在内的社会支持体系，并成为我国第一批社会支持体系试点基地、示范基地。另一方面，推动建立沟通协作机制。通过深化合作、凝聚合力，深化未成年人全面综合司法保护，提升未成年人保护和预防工作的质效，营造未成年人友好型社会环境。如2023年12月北京市丰台区人民检察院会同七家单位共签《关于建立未成年人权益协同保护机制的实施办法》，有效加强司法机关与政府机关、群团组织、社会组织之间的协同联动，构建困境儿童合法权益保障基层治理“共同体”。

---

① 全亮、唐政委：《法律缺失视角下服刑人员未成年子女救助对策研究》，载《青少年犯罪问题》2023年第3期。

# 论罪错未成年人分级干预机制之层级构建
## ——基于实践主导模式的分析

方海军　吴高飞*

习近平总书记强调，培养好少年儿童是一项战略任务，事关长远。[①] 推动我国罪错未成年人分级干预体系不断健全完善，是新时代未成年人保护事业面临的重要任务之一。[②] 就罪错未成年人分级干预机制而言，当前实施的《预防未成年人犯罪法》第2条就明确规定"预防未成年人犯罪，立足于教育和保护未成年人相结合，坚持预防为主、提前干预，对未成年人的不良行为和严重不良行为及时进行分级预防、干预和矫治"；第47条也明确规定"专门学校应当对接受专门教育的未成年人分级分类进行教育和矫治，有针对性地开展道德教育、法治教育、心理健康教育，并根据实际情况进行职业教育"，但是就该项机制在社会现实中的贯彻落实和发展完善而言，由于其涉及因素之复杂，至今尚未形成一套高效便捷、体系完善的相关制度。就其理论探索而言，虽然有人围绕规范层面、人格层面以及未成年人本体和未成年人之外等因素提出相应的未成年人罪错行

* 方海军，江苏省如东县人民检察院党组书记、检察长；吴高飞，江苏省如东县人民检察院第六检察部副主任、一级检察官。

① 杨立新：《习爷爷教导少年儿童：为学须先立志》，载人民网，http：//politics. people. com. cn/n1/2023/0602/c1001－40004662. html，最后访问日期：2024年1月31日。

② 罗海敏：《推动健全罪错未成年人分级干预体系》，载《检察日报》2023年6月29日，第7版。

为分级干预体系之构建框架,[①] 但是就该机制的层级构建与标准设置等问题并未形成立竿见影、高效便捷的方案设计。正如马克思在《关于费尔巴哈的提纲》中所指出的那样:“哲学家们只是用不同方式解释世界,而问题在于改变世界”,对于罪错未成年人分级干预机制之构建而言,要在坚持问题导向、目标导向和效果导向的前提下,避免一切表面文章和纸上谈兵,从而在实践主导模式下,真正构建出行之有效的罪错未成年人分级干预机制。

## 一、罪错未成年人分级干预机制简述

### (一)罪错未成年人分级干预机制之现状

最高检《2018—2022 年检察改革工作规划》明确指出“探索建立罪错未成年人临界预防、家庭教育、分级处遇和保护处分制度”,最高检《2023—2027 年检察改革工作规划》也明确指出“建立罪错未成年人分级干预工作机制”,充分彰显了检察层面对罪错未成年人分级干预机制的高度重视。该机制涉及案件办理、检察训诫、社会观护、专门教育等措施,还包括检察机关与专门学校、观护基地的衔接及监督机制等。对于罪错未成年人分级干预机制的构建而言,有学者认为,我国罪错未成年人分级干预体系已经初步建成,因为 2020 年修订的《预防未成年人犯罪法》将未成年人罪错行为界分为不良行为、严重不良行为和犯罪行为三个级别,并设置了相应的干预措施,结合《治安管理处罚法》《刑法》和《监狱法》等部门法,对各年龄段罪错未成年人各种特殊的处理规定,在一定程度上已经形成依据不同适用对象、不同年龄段和行为性质对罪错未成年人进行分别干预、分级处遇的初步体系。[②] 但是就目前而言,这样的罪错

① 参见吴高飞:《未成年人罪错行为分级干预体系之构建》,载《中国检察官》2019 年第 21 期。

② 参见罗海敏:《推动健全罪错未成年人分级干预体系》,载《检察日报》2023 年 6 月 29 日,第 7 版。

未成年人分级干预体系还显得较为抽象，尚未形成具有较强可操作性的程式化的详细措施。比如，就罪错行为中的“不良行为、严重不良行为和犯罪行为”之明确界定，目前尚缺乏较为清晰合理的量化标准，尤其是不同级别罪错行为相邻的中间地带，更是难以准确把握。虽然认识论告诉我们相邻事物之间的边界往往是模糊的，但是就未成年人的罪错行为之分界而言，应当力求清晰，否则将可能由于不当分类，导致涉案（涉罪）未成年人被贴上错误“标签”，产生较其罪错行为本身更加消极的影响。

## （二）罪错未成年人分级干预机制面临的问题

1. 未成年人犯罪率增高

根据相关数据分析，2020年至2022年，全国检察机关受理的审查逮捕和审查起诉的未成年犯罪嫌疑人数呈逐年上升趋势，而且低龄未成年人，即14—16周岁未成年人的犯罪占比也是逐年上升。同时，未成年人犯罪类型更加集中，2022年全国检察机关受理审查起诉未成年人犯罪居前五位的分别是盗窃罪、聚众斗殴罪、强奸罪、抢劫罪和寻衅滋事罪，占比共达67.4%。[①] 虽然导致未成年人犯罪率增高的原因各种各样，但是有些原因还是较为明显的。实践中有检察机关委托专业机构，通过社会调查发现，有88%的涉罪未成年人来自问题家庭，其父母的文化程度偏低，家庭关系大多存在问题，并且家庭教养普遍不当等。[②] 笔者认为这样的调查方式虽然并不完全符合逻辑推理，但是至少说明了未成年人犯罪与其家庭教育存在较大程度的关联性，因此，在罪错未成年人分级干预机制的构建完善方面，应对这种高度关联性的因素予以足够的重视。

---

① 参见最高人民检察院于2023年6月发布的《未成年人检察工作白皮书（2022）》中的“未成年人检察办案数据分析”部分。

② 参见郭涛：《涉罪未成年人家庭教育分析——以一百二十二份社会调查报告为样本》，载《检察日报》2023年6月29日，第7版。

2. 罪错未成年人分级干预机制涉及面广，无法呈现立竿见影的实际效果

通过对当前罪错未成年人的相关研究资料分析，发现罪错未成年人分级干预机制之建立健全，不仅是未成年人检察面临的工作要点，更是全社会的系统性工程，涉及面非常广，所采取的种种措施，均难以在短期内取得明显成效。以当前的法治副校长制度为例，2021年教育部制定了《中小学法治副校长聘任与管理办法》，并商请经最高法、最高检、公安部和司法部同意，于2022年5月1日在全国实施，从而将该制度推向一个新阶段。但是，就法治副校长制度的实际运行而言，由担任法治副校长的公检法司等国家机关的工作人员，到中小学甚至幼儿园的履职往往以对学生进行普法宣传为主，但是对学校教师及学校管理层的法治教育却鲜有提及。一直以来的校园欺凌及师德失范之事件，除部分学生不懂法外，很多是师德师风和学校管理存在问题。法治宣传教育的对象有必要根据实际情况作出相应的调整。应当认识到，诸如此类的分级干预机制或法治教育机制（两者之间存在交叉重合之处）的产生到定型往往需要经历较长时期的不断试错和逐步完善，在短期内难以见到明显的成效。

3. 罪错行为成因及干预机制效果评估难以准确界定

当前对于未成年人罪错行为成因的分析，无非是从其学校、家庭、社会等领域寻找和归纳出一系列相应的原因。然而值得注意的是，这样的原因归纳未必准确，有时存在将罪错行为伴生因素误认为是罪错行为产生原因的现象。比如，在办理一起未成年人盗窃案中，发现其成长于父母离异的单亲家庭，于是在分析其犯罪原因时，有观点认为应将单亲家庭归纳为其犯罪原因或者犯罪原因之一。但实际生活中，也有不少生长在单亲家庭中的未成年人健康成长、品行兼优，因此对个案中的因素要具体分析，避免盲目地将伴生因素认定为犯罪产生原因。然而，在理论研究和司法实务中，对于未成年人罪错行为产生原因的分析归纳，却存在诸如上述的逻辑偏差，

将罪错行为的伴生因素简单地认定为产生原因。因此，与之相关的干预机制难免出现偏差，甚至南辕北辙，加之对其效果的评估，由于缺乏对照样本，即在大致相同的前提下，[①] 将推行某项干预措施的未成年人群体与未推行某项干预措施的未成年人群体，进行罪错行为的实际比较，这样的对照样本始终无法实现。因此，在评估其真正效果时，难有准确的实证资料支持。诸如此类案件，从未成年人罪错行为分级干预机制产生及运行的前后比较来看，目前并未产生明显变化，其实效果难以准确界定。

## 二、罪错未成年人分级干预机制的层级构建模式

《国语·吴语》有曰："为虺弗摧，为蛇若何"，意为小蛇不及时打死，等它长成大蛇，将带来更大的祸患。但是，针对未成年人罪错而言，我国自古以来就有着怜悯和从轻的传统，比如《尚书大传》有曰："老弱不受刑，故老而受刑谓之悖，弱者受刑谓之克"，并未过早地以暴力手段解决问题。通过比较分析《2018—2022 年检察改革工作规划》中"罪错未成年人分级处遇"和《2023—2027 年检察改革工作规划》中"罪错未成年人分级干预"的提法，从字面来看，后者旨在更加强调对未成年人罪错行为的适时有效干涉、纠正和引导，而非简单的处理和对待。因此，可以认为，罪错未成年人分级干预机制的构建和逐步完善的过程，是将抽象的少年司法理念在社会生活中具体化的过程，也是少年司法制度在具体运行过程中发现问题、解决问题的过程，而绝非术语的推陈出新。鉴于此，笔者以上文所述的罪错未成年人分级干预机制之现状及所面临的问题为焦点，就当前罪错未成年人分级干预机制的构建程式进行层级化的探索分析。

---

① 由于社会生活的复杂性，这里所谓的"大致相同的前提"，其实在现实社会和司法实务中也是难以准确把握的因素。

### （一）实践主导模式的相关内容

早在2009年就有学者指出，在探索马克思主义法律思想研究的中国化模式时，有必要提出马克思主义法律思想研究的“实践主导模式”。该模式是以实践需要为中心，对理论进行取舍和应用的理论与实践结合机制。即根据存在的社会问题，确定和检验某种理论或实施方案的合理性。[①] 罪错未成年人分级干预机制，同样要秉承这样的设计理念，即通过对该机制实际运行效果的评估、检验，不断调整和完善分级干预机制，避免所谓的“按图索骥”和“纸上谈兵”。

我们要构建的实践主导模式，应当包括以下几个方面：一是具有切实可行的实施方案。如上文所言，有学者认为罪错未成年人分级干预机制的初步体系已经形成，[②] 但是就该“初步体系”而言，从抽象的蓝图，到具体、翔实、可操作性的实施方案，必然会面临诸多棘手的难题。因此，实施方案需要经过从理论到实践、再从实践到理论的多轮反复论证和逐步完善。二是具有客观准确的评估机制。无论是之前提出的“罪错未成年人分级处遇”还是当前提出的“罪错未成年人分级干预”，均需要有对其运行效果的评估机制。就评估机制而言，应力求客观、准确，在发现成效的同时，更能发现近期问题和长久隐患。就目前而言，无论是之前就有的“少管所”“工读学校”，还是当前正在加快建设的罪错未成年人“专门学校”，其实际效果到底如何评估，是否应设置一套能够与之对比的“参照系”，从问题导向的角度而言，均是无法绕开的难题。对此，可以采用实证主义的观察法、谈话法、个案法和对照分析法、数理统计法等优化设计出一套较为科学的评估机制，但是在以上方法的子元素和规则设置方面，

---

① 参见付子堂：《中国马克思主义法学理论的新拓展——研究动态与问题意识》，载《华东师范大学学报（哲学社会科学版）》2009年第6期。

② 参见罗海敏：《推动健全罪错未成年人分级干预体系》，载《检察日报》2023年6月29日，第7版。

同样存在诸多值得商榷的因素。三是具有信息反馈的多元渠道。罪错未成年人分级干预机制的实效检验，不能仅凭该机制创立者和执行者的一家之言，必须留有信息反馈的多元渠道。而作为信息的采集者和判断者，不能先入为主，否则就会出现判断失误，这对于未成年人罪错行为干预机制的效果判断十分不利。因此，对于所谓的“调查结果”，应根据多元的信息渠道，进行证伪，不断更正相关看法。

### （二）具体构成

#### 1.“最有利于未成年人”原则下的分级标准

2021 年 6 月 1 日起施行的修订后的《未成年人保护法》第 4 条明确规定了“最有利于未成年人”原则，且该条款明确提出了六项要求，成为未成年人保护必须遵守的“帝王条款”。因此，罪错未成年人分级干预机制之构建，落实到具体的分级标准上，必然要遵循和体现“最有利于未成年人”原则。

就分级标准而言，主要存在以下分级标准：一是年龄标准。由于年龄是未成年人的第一标识，在《刑法修正案（十一）》出台后，我国未成年人犯罪在年龄上呈现出“12—14—16—18”周岁的分级模式，但是这样的分类却忽略了 12 周岁以下罪错未成年人的情形。因此，有学者认为年龄分级的不完善致使整体的处遇效果不佳，也导致“养猪困境”和“逗鼠困境”的产生。[①] 虽然罪错未成年人群体中的个人情况千差万别，但是以年龄为标准进行分级具有立法上的依据和操作性强的优点。二是行为性质标准。英美法系国家通常秉持这样的分级标准，其包括少年的罪错行为、身份犯罪，对逃学、离家出走、违反宵禁、酗酒、涉毒等道德败坏、违法乱纪、不服管教

---

① 参见王武超：《恕与罚：罪错未成年人分级处遇制度的体系构建》，载《犯罪与改造研究》2022 年第 11 期。

行为等提前由少年司法机构予以介入和管教。[①] 这样的分级标准，能够在一定程度上克服以年龄分级带来的机械主义，但是对行为性质的识别，往往带有主观性偏差，在某些案件中难免出现判断失误的情况。三是惩戒措施标准。以法国为例，这样的惩戒措施包括教育措施、教育性惩罚措施和刑罚，当专门负责未成年人案件的检察官认为无须对罪错未成年人起诉的，其有权直接作出法律警告，到卫生、社会或职业机构报到，进行赔偿等追诉替代措施。[②] 虽然这样的惩戒措施标准，往往与罪错未成年人的年龄和行为性质有着较大程度的联系，甚至在不少未成年人案件中还要根据其年龄和行为性质，才能决定采取相应的惩戒措施。之所以将其作为分级标准，其意义在于不同的惩戒措施所要求的罪错未成年人干预方式会有所差别，因此对其进行专门分类是有现实意义的。

2. 干预措施的层级设置

一般而言，未成年人的罪错行为通常有一个由轻及重、逐渐演变的过程，如果矫治教育或者干预措施不当，部分未成年人的罪错行为可能会向更为严重的方向演变。为有效预防和矫治未成年人罪错行为，最高检正在研究制定《关于加强未成年人罪错行为分级干预矫治的意见》，根据未成年人行为的严重程度、心理偏常状况、日常表现情况等，依法采取责令严加管教、训诫、专门教育、专门矫治教育等分级分类的干预措施。[③] 这样的分级分类体现了分级干预的层级构建，其依据与相应的标准设置紧密相关。笔者根据罪错未成年人分级干预机制的现状和面临的问题，在坚持实践主导模式的前提下，拟提出一些浅显看法。

---

① 参见王顺、王春丽：《域内外罪错未成年人分级处遇比较与借鉴》，载《山西省政法管理干部学院学报》2021 年第 3 期。

② 参见俞亮、吕点点：《法国罪错未成年人分级处遇制度及其借鉴》，载《国家检察官学院学报》2020 年第 2 期。

③ 参见祁彪：《最高检：正研究制定〈关于加强未成年人罪错行为分级干预矫治的意见〉》，http://new.qq.com/rain/a/20240301A02FZG00，最后访问日期：2024 年 3 月 20 日。

（1）不应当忽视的事实：罪错未成年人分级干预机制的特殊情形之识别、排除

笔者之所以将“特殊情形”首先考虑，原因在于只有排除了特殊情形，才能较为科学合理地处置一般情形。因为，某些未成年人确系难以控制和治愈的神经系统或精神方面疾病导致其不断产生所谓的“罪错行为”，如果不区别该类情形，就对其进行所谓的教育或者惩戒，将毫无意义。比如，早在1876年，意大利的刑事人类学派创始人切萨雷·龙勃罗梭就在其《犯罪人论》中以生动的案例、翔实的数据，阐述了天生患有精神疾病无法控制自身行为的犯罪人，而且某些罪犯自小就有犯罪倾向，几乎无法纠正，类似的事实，至今被无数的精神病学、心理学的循证研究所证实。还有的罪错未成年人，由于家庭的贫困、疾病或者父母离异、外出打工等原因，导致其学习和生活遭遇种种困境，而这样的困境或多或少地导致其在学校遭受霸凌或实施霸凌，如果这样的家庭原因是导致其实施罪错行为的主要原因，那么对其实施的种种帮教行为，其效果依然较为有限，但可能比精神疾病和遗传原因导致的罪错行为之矫正效果稍好。因为，无论是教育还是惩戒等种种帮教措施，均不能代替其家庭教养，也无法弥补其诸如家庭贫病、幼年丧父（母）、父母离异等家庭缺失。诸如此类的罪错未成年人，虽然可能对其实施的干预措施效果非常有限，但仍然要在对其实施的惩戒措施上适当从宽，因为现代刑法理念是“一般预防”和“特殊预防”的统一，而非封建社会落后的报应刑思想。

正如有学者认为的那样，在具体的法律适用中“要考虑人性的弱点，兼顾天理国法人情”[①]，对于罪错未成年人分级干预机制而言，更要考虑“人性的弱点”和“天理国法人情”的辩证统一，根据具体情况，实现科学运用、合理取舍。就罪错未成年人分级干预机制

① 参见苑苏文、韦婷：《周光权：刑法是洞察苍生疾苦的眼》，载《中国新闻周刊》2023年1月9日，总第1076期。

中特殊情形的识别、排除，以及与之相应的具体程序而言，要做到兼顾全局的同时，有所侧重，既不能对这种现象置若罔闻，也不能不当地夸大该类现象：一是合法且合理地界定“特殊情形”的范围。这里的“特殊情形”是指精神疾病、严重心理障碍和无法有效改善的未成年人成长困境等。诸如此类情形，由于常规的“检察训诫”“社会观护”和“专门教育”之类的措施，无法起到明显的作用，对其需要采取专门且科学的干预措施，而且这样的干预措施所需要的社会投入、司法成本也非常巨大。二是设定专门的识别和排除程序。这样的识别和排除程序包括但不限于司法精神病鉴定等。以其中的司法精神病鉴定为例，由于该病的复杂性，往往涉及多个环节和因素，而且“鉴定意见”对司法机关没有约束力，仅供参考，① 但是对于罪错未成年人的该类特殊情形的识别和排除而言，需要设定专门的识别和排除程序，赋予其较强的制度性保障措施，在程序设置方面尤其要更加完善。三是必要的纠偏途径。这样的纠偏设置应贯彻罪错未成年人分级干预机制的始终，但是在精神疾病、心理障碍等特殊情形方面容易被忽视，因此要在此特别提及。从历史唯物主义的角度而言，精神病鉴定其实存在方法论的短板，因而较之其他疾病的鉴定存在诸多不确定因素。比如，以 20 世纪 70 年代，美国学者罗森汉做的一个实验为例，其让包括精神病医生、儿科医生、画家和家庭主妇等在内的 8 名精神和心理均正常的人员住进五所不同的州立医院，所有人均用假名，并隐瞒了与心理专业有关的个人信息，除此之外，该 8 人均用真实的个人信息和资料就诊，只附加了一条虚假内容：听到声音，似乎在说“空虚”“无聊”。一旦住院，此 8 人均不提“声音”的事情，一切照常，但是该 8 人所在的五所州立医院的医护均没有发现他们是正常人，他们住院天数分别为 7 日到 52 日不等，而且出院时，就诊的医院并不认为他们痊愈。极具讽刺的

① 参见曾绪承编著：《司法精神病学新编》，北京大学出版社 2009 年版，第 31—41 页。

是，与该 8 人共同住院的精神病人中却有人发现他们是正常人，还认为他们可能是卧底调查的记者。① 鉴于此类原因，该类特殊情形的纠偏设置显得尤其重要，从而更大可能地保障罪错未成年人的合法权益。至于该类特殊情形的干预措施，系根据针对的特殊情形予以专门化和专业化的构建，由于篇幅所限，暂不做详细探讨。

（2）一般情形的分级和干预：确定“年龄 + 行为性质”的层级设定及干预模式

《刑法修正案（十一）》出台后，我国未成年人犯罪在年龄上呈现出分级模式，但这样的分级模式较为笼统，需要根据未成年人行为的罪错程度和人格特征等进行具体的层级化构建。分级要素主要分为年龄和行为两大类，并对应相应的干预措施，如下图所示：

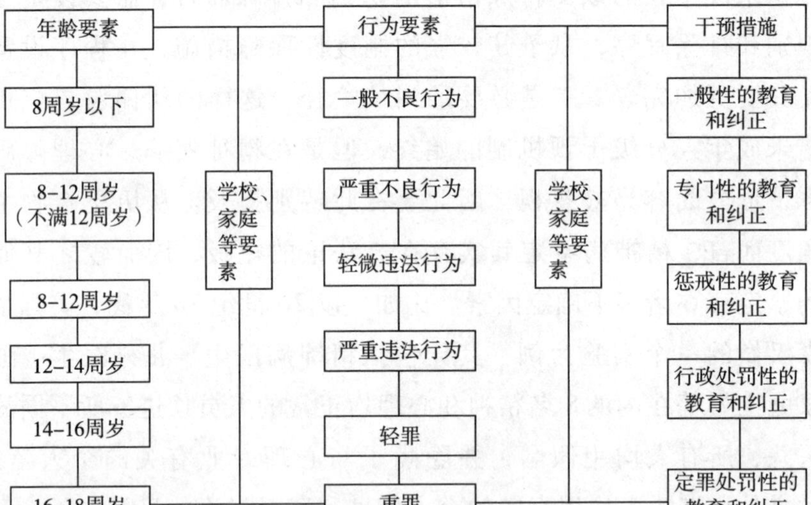


根据《民法典》第 19 条规定“八周岁以上的未成年人为限制民事行为能力人”，因此在罪错未成年人分级干预机制方面，有必要以 8 周岁为节点进行研究。一般而言，8 周岁以下的未成年人，心智极

① 参见［美］劳伦·B. 阿洛伊等：《变态心理学》（第 9 版），汤震宇等译，上海社会科学院出版社 2005 年版，第 42—43 页。

度不成熟，所以对其所谓的“不良行为”没有必要上纲上线，但是，如果该类未成年人多次实施盗窃和肢体暴力等不良行为，作为其监护人应当及时有效纠正。如果该类未成年人可能存在神经、精神系统的疾病，则需要及时就医，早期干预，否则这样的疾病有可能终身迁延不愈，无数的流行病学调查也证实了该类事实的存在，所以这应当成为罪错未成年人干预机制的重点领域之一。然而，在学校、家庭生活中，这种情况却往往被无知或者无视地贴上各种“坏孩子”的标签，极少有人意识到应当进行医疗干预。至于8—12周岁（不满12周岁）的未成年人，由于其是民法上的限制行为能力人，同时又无刑事责任能力，所以在分级干预措施上要与已满12周岁的未成年人有所区别。但是根据笔者对多名一线教师的调研发现，10—12周岁阶段，即小学三四年级阶段，是未成年人人格养成的关键时期，对此阶段的未成年人罪错行为的干预理应做到及时化、专门化和有效化，但现实是，由于该阶段的未成年人体力、智力和经验有限，其作出类似杀人、放火之类的恶性事件的可能性非常小，对于其当时的种种罪错行为的苗头，家庭和学校往往没有及时发现和有效予以纠正，从而为其小学高年级到中学阶段的严重罪错行为埋下了隐患。

上图中“12—14周岁”“14—16周岁”“16—18周岁”的层级，系根据刑法[①]对刑事责任年龄和所要承担的罪责进行的阶段性分级划分。由于刑法已经对相应的刑事责任年龄段和相应的定罪处罚作出了原则性规定，在具体的贯彻落实方面还要结合其他干预措施进一步具体化，以适应罪错未成年人分级干预机制的需要。例如，检察

① 《刑法》第17条规定：“已满十六周岁的人犯罪，应当负刑事责任。已满十四周岁不满十六周岁的人，犯故意杀人、故意伤害致人重伤或者死亡、强奸、抢劫、贩卖毒品、放火、爆炸、投放危险物质罪的，应当负刑事责任。已满十二周岁不满十四周岁的人，犯故意杀人、故意伤害罪，致人死亡或者以特别残忍手段致人重伤造成严重残疾，情节恶劣，经最高人民检察院核准追诉的，应当负刑事责任。对依照前三款规定追究刑事责任的不满十八周岁的人，应当从轻或者减轻处罚。”

机关正在研究起草加强未成年人罪错行为分级干预矫治的相关意见，还与相关部门联合出台了《关于建立涉案未成年人控辍保学协作配合机制的意见》等多部指导文件，[①] 但是就目前的罪错未成年人分级干预机制而言，需要在当前法律规定的前提下进行探索，为今后的立法积累必要的实务资料。

就与之相对应的干预措施而言，需要在罪错行为层级划分的前提下，进行专门设置。上图所示，在未成年人年龄要素和行为要素之间，要考虑学校、家庭等要素，在行为要素和干预措施之间同样要考虑学校、家庭等要素，因为学校、家庭要素往往影响着罪错未成年人的罪错程度和纠正可能性，对干预措施的科学适用有着重大意义。在具体的干预措施确定方面，首先考虑未成年人的年龄要素，在确定年龄要素的前提下，再考虑其行为要素，根据行为要素再初步确定相应的干预措施，而后再根据年龄因素和行为因素，确定具体的干预措施，从而体现分级干预措施的纵横分布。至于行为要素中，从“不良行为”逐级到“重罪”，干预措施中，从“一般性的教育和纠正”逐级到“定罪处罚性的教育和纠正”，每个层级都应当有必要的过度前提和适用条件，要结合多方面因素，结合实际经验和现实效果，多次反复不断取舍和完善，甚至在干预措施的最终确定方面，可以借鉴庭审的模式，赋予罪错未成年人及其监护人和被未成年人罪错行为所侵害的被害人一定程度的举证、质证和互相辩论的权利，从而更加客观地发现罪错未成年人的过错程度和纠正可能性，科学确定干预措施的合理选择。应当引起注意的是，在上述模式中，既要考虑未成年人的罪错成因，但又不能完全迷信所谓的环境因素。因为有实证研究发现，不少罪犯[②]通过指责他人来证明自己的行为是合理的。诸如暴力电动游戏销量飞涨，但经统计发现，青

---

① 参见郭荣荣：《让涉孩子问题有人管、管得住、管长远——专访最高人民检察院第九检察厅厅长缐杰》，载《检察日报》2024 年 2 月 22 日，第 2 版。

② 笔者认为不少罪错未成年人也是如此，不限于一般的罪犯。

少年的暴力犯罪却有所下降，由此可见，暴力犯罪的成因并非有人认为的与该类游戏关系巨大；还有人认为贫穷导致了犯罪，但是美国2008年至2011年的经济衰退中，其凶杀率却是1964年以来最低的。[①] 这些现象至少告诉我们，对未成年人罪错行为的原因分析和分级干预措施之确定，不能先入为主，而应在大量的实证数据和案例基础上，作出最优决定，而且这样的数据和案例并非仅限于纸面上的内容，因为纸面上的内容都是经过人为筛选的，一定程度上类似于“传来证据”，并不完全等价于客观现实。

综上，罪错未成年人分级干预机制的层级构建及相关标准和参照，涉及面广、涉及因素复杂多样，且亟须解决的难题也较为繁杂。为了较好地实现该机制对罪错未成年人的教育和纠正作用，需要在当前法律规定的前提下，通过实践主导模式不断予以完善。通过罪错未成年人年龄、行为性质和干预措施方面的层级构建、科学适用，结合实证主义的方法，通过社会实践和司法实务不断发现和解决问题，将“最有利于未成年人”原则贯彻到未成年人保护现实领域中。

① 参见［美］斯坦顿·萨梅洛：《犯罪心理分析》，姚峰等译，人民邮电出版社2017年版，第5—15页。

# 未成年人检察支持起诉的现代化进路研究

广东省广州市人民检察院课题组*

近年来，全国检察机关对未成年人民事检察支持起诉制度不断探索实践，获得了较好的法律效果与社会效果。但因起步较晚，立法授权较为原则，未检支持起诉仍存在不容忽视的短板与难题。为进一步推动未检支持起诉制度的健全与发展，更深层次助力未检工作的现代化进程，有必要基于对该项制度法理根基与立法历程的回顾梳理，从实证研究的视角进行点面结合的整体分析，在掌握制度运行现行短板的前提下，对具体机制进行创新构建。

## 一、未检支持起诉制度的理论根基

### （一）我国支持起诉制度的演进历程

支持起诉制度是指机关、社会团体、企事业单位对损害国家、集体或者个人民事权益的行为，可以支援、鼓励受损害的当事人在人民法院起诉，对民事诉讼起到指导作用的基本规则。[①] 1957 年，最高人民法院颁布的《民事案件审判程序（草稿）》第 1 条规定："请求

* 课题组负责人：刘建军，广东省广州市人民检察院党组成员、副检察长，二级高级检察官；课题组成员：李征，广东省广州市人民检察院第七检察部主任、三级高级检察官；林鹂，广东省广州市人民检察院第七检察部副主任、四级高级检察官；刘丽丽，广东省广州市人民检察院第七检察部四级高级检察官；许旎娜，广东省广州市人民检察院第七检察部四级高级检察官；张嵘，广东省广州市花都区人民检察院东区检察室主任、一级检察官。

① 李浩：《民事诉讼法学》，高等教育出版社 2014 年版，第 31 页。

保护自己权利，或者请求保护依法由他保护的人的权利，可以向有管辖权的人民法院起诉。人民检察院对于有关国家和人民利益的主要民事案件，也可以提起诉讼。”① 1982 年《民事诉讼法（试行）》将全面干预的苏联模式缩减为支持起诉，最终确立了我国的支持起诉条款，并延续至今。②

根据 1982 年《民事诉讼法（试行）》第 13 条的规定，检察机关获得了支持受害主体向法院提起民事私益诉讼的法定授权。2000 年，最高人民检察院提出检察机关要依法开展支持起诉的要求，各地检察机关开始逐步探索和试点。③ 2006 年，最高人民检察院发布《检察机关为社会主义新农村建设服务的意见》，支持起诉开始向农民工等弱势群体权益保护的价值倾斜，初步实现制度定型。2012 年，最高人民检察院提出，探索开展支持起诉工作，加强对妇女儿童、进城务工人员、下岗失业人员、残疾人等合法权益的司法保护。至此，支持起诉工作开始步入稳步发展阶段。④

2017 年，最高人民检察院《关于开展未成年人刑事执行检察、民事行政检察业务统一集中办理试点工作的通知》要求，检察机关未检部门在履行监督职责中，发现食品药品安全、产品质量等领域侵害众多未成年人合法权益的，可以依法提出检察建议，探索开展支持起诉等工作，拉开了未检民事支持起诉工作的序幕。2021 年修订后的《未成年人保护法》规定，未成年人合法权益受到侵犯，相关组织和个人未代为提起诉讼的，人民检察院可以督促、支持其提起诉讼，确认了未检支持起诉制度的法律依据。

---

① 转引自陈刚：《支持起诉原则的法理及实践意义再认识》，载《法学研究》2015 年第 5 期。

② 参见张嘉军、武文浩：《异化与重塑：检察民事公益诉讼支持起诉制度研究》，载《中州学刊》2022 年第 9 期。

③ 段厚省：《论检察机关支持起诉》，载《政治与法律》2004 年第 6 期。

④ 王龙、赵辉：《民事检察支持起诉的制度检视与立法完善》，载《内蒙古师范大学学报（哲学社会科学版）》2023 年第 52 期。

### （二）我国未检支持起诉制度的法理支撑

1. 修正的社会干预理论

我国支持起诉的法理基础来源于苏联法上的社会干预理论，并根据中国国情进行了本土化改造，仅规定了支持起诉职能，而舍弃了国家机关可以直接提起诉讼的部分。检察机关对涉未成年人案件支持起诉，体现的是在尊重未成年人自主、真实意愿基础上，对未成年人合法权益的保护与干预，表达了国家对未成年人群体的关爱与支持，蕴含的法理基础就是本土化改造的社会干预理论，对损害未成年人民事权益的行为表达否定性立场与态度，促进形成保护未成年人的整体社会氛围与风尚。

2. 诉权补强理论

支持起诉原则的正当性在于保障诉权。民事诉讼奉行两造对立平等原则，而双方当事人可能因为年龄、知识储备、举证能力、诉讼经验等方面的差异，导致诉讼能力参差不齐。检察机关通过提供法律咨询、协助收集证据、发表支持意见等方式补强弱势方的诉讼能力，可以最大限度保障弱势方行使法定的诉讼权利，不被强势方利用其实力、地位轻易拖垮和压制[①]。未成年人在年龄结构、知识供给、社会经验、取证举证能力、心理素质等方面与正常成年人存在根本性差异，通过支持起诉，检察机关可以在一定程度上补强未成年人行使诉权的能力，修复、矫正当事人之间失衡的法律地位，保障未成年人诉权的有效行使，帮助其运用法律武器主张自身权益。

3. 国家责任理论

修订后的《未成年人保护法》旗帜鲜明地强调了未成年人保护的国家责任，当未成年人无法从家庭获得足够的保护甚至遭受来自家庭的侵害，公权力就有必要积极介入，及时保护与救济未成年人

① 姜昕、李浩、肖建国、冯小光、李延灵：《检察机关能动履职支持起诉的价值考量及法理内涵》，载《人民检察》2022 年第 4 期。

合法权益。国家责任原则赋予公权力介入亲权这一私领域的相关权力，帮助受害未成年人通过诉讼途径主张正当权利，充分体现了国家亲权对未成年人的照护，是国家责任在民事诉讼领域的落实。

## （三）我国未检支持起诉制度的价值体现

1. 完善检察机关职能

推进未检支持起诉制度是新时代检察机关法律监督职能的应有内涵，使民事检察职能不再囿于事后监督的传统模式，将介入涉未成年人民事诉讼的时间提前至起诉之前，及时保护未成年人合法权益，并实现对涉未成年人民事诉讼的全流程监督。另外，未检支持起诉也是检察机关维护公共利益的职能体现。未成年人的保护不仅是传统的“家事”，更是新时代的“国事”。检察机关作为公共利益的代表，有义务扛起保护未成年人的大旗，通过支持未成年人提起民事诉讼推动实现弱势群体的诉权平等，切实维护公共利益。

2. 实现未成年人综合司法保护

从推动未检工作现代化发展以及实现未成年人综合司法保护的角度而言，需要依托更加契合未成年人案件特点的综合履职模式，强化整体观念、系统思维，以“四大检察”统筹履职推动解决刑事、民事、行政、公益保护相互交织的问题，全面保障未成年人合法权益。检察机关以支持起诉者的身份出现，凭借其具有高度专业性与集中度的公权力司法资源优势，全方位补强弱势未成年人方的诉讼能力，能够有效实现对其民事权益的救济与保护，推动未成年人司法保护的现代化进程。

3. 维护社会稳定秩序

全面激活未检支持起诉制度，可以促进民事支持起诉在未成年人司法领域发挥维护公平正义、解决矛盾纠纷、提高社会治理水平、促进社会健康发展的积极作用。通过个案办理，检察机关可以发展新时代“枫桥经验”，充分利用促成和解、公开听证等多元化纠纷解决机制，在有效维护未成年人合法权益、解决未成年人现实生活困难的基础上，积极引导当事人修复亲情关系，有效定分止争，实质性化解矛盾纠纷。通过宣传带动，热点案件可以成为全社会共同学习的法治公开课，以此弘扬社会主义核心价值观，引领法治社会良好风尚，为社会秩序的稳定及国家法治工作的有序运行奠定坚实基础。

## 二、未检支持起诉实证研究

### （一）未检支持起诉工作开展情况

根据最高检公布的数据，2021 年全国检察机关办理涉未成年人支持起诉案件 2256 件，其中支持个人或单位起诉撤销监护人资格条件 464 件，占 20.57%；在开展监护缺失监督中，支持起诉宣告失踪及宣告死亡 132 件，占 5.85%；支持起诉追索抚养费 776 件，占 34.40%；支持起诉控辍保学 65 件，占 2.88%；其他 819 件，占 36.30%。①

2022 年，全国检察机关办理涉未成年人支持起诉案件 3729 件，同比上升 65.29%，其中支持个人或单位起诉撤销监护人资格条件 239 件，占 6.41%；在开展监护缺失监督中，支持起诉宣告失踪、宣告死亡 122 件，占 3.27%；支持起诉追索抚养费 1953 件，占 52.37%；支持起诉控辍保学 136 件，占 3.65%；其他 1279 件，占 34.30%。②

2023 年，全国检察机关办理的涉未成年人支持起诉案件 7769 件，同比上升 1.1 倍。审查后支持起诉 6936 件，法院采纳支持意见 6743 件，占支持起诉的 97.2%，其中婚姻家庭、继承纠纷 2243 件，占 32.3%；人格权纠纷 1389 件，占 20.0%；侵权责任纠纷 1123 件，

① 参见最高人民检察院《未成年人检察工作白皮书（2021）》。
② 参见最高人民检察院《未成年人检察工作白皮书（2022）》。

占16.2%；监护权监督428件，占6.2%，四类合占74.7%。[①]

### （二）未检支持起诉工作存在的问题

1. 立法规定原则，实操规范欠缺

涉未支持起诉制度目前只有法律的授权性规定，实务中主要依靠地方检察机关自行探索。立法留白也许源于目前司法实践积累还不够成熟，尚未达到制定统一程序规范的程度；也有可能是立法者希望留给涉未支持起诉这一新生制度更为广阔的发展空间与生长可能，期待获得更富多样性与新颖性的司法成果与检察产品。

2. 案件体量较小，地区发展不平衡

近年来，涉未支持起诉案件在数量上已有较大增幅，但总的来说体量较小，地域发展不平衡，案件主要集中在浙江、四川、江苏、河北等省份。目前大多数未检部门干警的从业经历以刑事检察为主，尚未形成从民事法律途径角度全方位关注未成年人需求的思维惯性，缺乏发掘民事检察支持起诉线索的敏锐性，这直接制约了涉未支持起诉工作开展的广度与深度。

3. 案由相对集中，新领域探索较少

近年来全国涉未支持起诉案件中，大多涉及追索抚养费、撤销监护权、宣告失踪、宣告死亡等监护权类案件，反映检察机关对未成年人民事权益的关注主要聚焦于未成年人因监护产生的财产权益与身份权益问题。但案件类型过于集中，易出现思维惯性，限制新领域的探索与尝试。

4. 程序有待规范，检法共识尚未形成

实践中，通常情况下法院不会通知支持起诉的检察机关参与庭审，检察机关有时难以有效参与到诉讼全过程。此外，法院尚未形成在裁判文书中记录检察机关支持起诉过程与意见的司法习惯，缺

① 参见最高人民检察院《未成年人检察工作白皮书（2023）》。

乏对检察支持起诉的文字性记载与意见采纳与否的分析与回应。这些都反映出检察机关支持起诉工作的参与度与流程设置还不够清晰，检察机关的法律监督职能没能得到充分发挥。

## 三、构建未检支持起诉制度的基本原则

未成年人支持起诉工作需要在检察工作现代化的理念引领下，通过机制现代化建设取得关键性突破与实质性进展。而全面构建未成年人支持起诉制度的基础就在于合理规范制度运行的基本原则。

### （一）最有利于未成年人原则

修订后的《未成年人保护法》第 4 条明确规定了“最有利于未成年人”原则，克服了以往局限于成年人视角对未成年人进行利益规制的惯性思维[①]，成为保护未成年人权益的“帝王条款”，统领包括司法保护在内的未成年人保护工作。未成年人由于经济、诉讼等多方面能力的欠缺与自我保护意识的不甚完善，在遭遇监护类侵害或其他侵权损害时往往难以顺利主张自身合法权益。为实现最有利于未成年人原则，履行国家责任，检察机关确有必要对受害未成年人提供相应帮助，支持起诉就是方式之一，能够有效支援或补强未成年人诉讼能力缺失，实现对未成年人合法权益的深度保护。

### （二）处分原则

支持起诉是国家机关对民事诉讼的强力干预，可能会对两造平等的民事诉讼造成一定程度的倾斜干扰。因此，为恪守边界、避免破坏民事诉讼的对立平衡，支持起诉要以处分原则为基础，在保障当事人意思自治、充分尊重当事人自由处分权的前提下进行。检察机

① 周汉平：《中外儿童权利保护法之比较——基于〈未成年人保护法〉与〈儿童权利公约〉的研究》，载《学理论》2019 年第 12 期。

关在支持起诉程序的启动、运行上，应在尊重其意愿的基础上实现权利保护与救济的最大可能。

### （三）适当性原则

适当性原则是指支持起诉方式应根据当事人的诉讼能力及个案情况具体分析，选择的支持对象、具体方式和诉讼目的之间能够相辅相成，以“确有必要”为限度。[①] 从支持对象而言，检察机关并非必须支持每一个未成年原告方提起民事诉讼。在未成年人的法定代理人能够有效维护未成年人利益的情况下，检察机关不需要也不适宜再对其开展支持起诉。从支持方式而言，涉未成年人民事案件以家事纠纷为主，检察机关支持起诉不应当仅仅停留于帮助未成年人方行使诉权，更重要的是化解矛盾纠纷、修复亲情关系，确保未成年人在健康环境中成长发展，实现支持起诉法律效果与社会效果的和谐统一。

## 四、未检支持起诉的制度设置

### （一）支持起诉对象范围的有限性确定

关于检察机关支持起诉的对象，应当把握两个标准：一是涉及特殊群体的特殊利益保护；二是对该特殊群体的保护需要支持起诉制度追求诉权的实质平等。[②] 从未成年人保护法相关规定的法条文义不难看出，检察机关支持起诉处于补充性地位，相关组织和个人是维护未成年人合法权益代为提起民事诉讼的优先选择。如果未成年人的监护人具有相应经济实力，具备获取较强诉讼能力的途径且有维权意愿的，应当作为未成年人主张权利的诉讼首选主体，相关的负

① 肖建国、丁金钰：《检察机关支持起诉的制度功能与程序构造》，载《人民检察》2022 年第 1 期。

② 兰楠：《民事支持起诉制度的发展与完善》，载《人民检察》2022 年第 12 期。

有未成年人保护职责的组织作为次位排序。而具有司法公权属性的检察机关，介入民事诉讼应当具有谦抑性与审慎度，不能也不宜广泛干预平等民事主体的法律关系，而是要对介入的必要性进行研判，将有限的检察司法资源聚焦于诉讼能力确系困难弱势、因客观原因难以维护自身合法权益的未成年人及其监护人。

### （二）支持起诉案由的延展性探索

目前涉未支持起诉就未成年人人身权利关注较多，而财产权利关注较少，一定程度上形成涉未支持起诉的案由“趋同化”，不自觉地限缩了涉未支持起诉的案件范围。尽管通常情况下未成年人拥有较多财产的情况并不多见，但其合法的财产权益同样应当得到重视。具体而言，可以从以下几个方面进行实践尝试。

一是未成年人对具有人身意义特定物的损害赔偿之诉。《民法典》第1183条第2款明确规定：“因故意或者重大过失侵害自然人具有人身意义的特定物造成严重精神损害的，被侵权人有权请求精神损害赔偿。”具有人身意义的特定物，对于未成年人而言具有人格利益和身份利益因素的特别意义，这样的财物受损后，会给物品的所有人造成精神损害，需要通过精神损害赔偿的方式进行救济。未成年人相较成年人心理自愈能力较弱，精神受到伤害产生的负面影响持续时间较长，需要得到更为精细的关注与保护。检察机关可积极贯彻落实民法典相关制度，大力探索对未成年人具有人身意义特定物的损害赔偿之诉的支持起诉工作。

二是未成年人对监护人滥用其财产的损害赔偿之诉。《民法典》第35条规定：“监护人除为维护被监护人利益外，不得处分被监护人的财产。”监护人如果不是为了未成年人的利益而以其名义处分其财产，超越了法定代理权限，就构成无权代理，未成年人拥有向监护人主张损害赔偿的请求权。但未成年人面对的是与其朝夕相处的成年监护人，其提起诉讼的障碍较大，应诉实力也显然存在较大差距，不愿起诉、不敢起诉或者无力起诉的情况不容忽视。检察机关以公权力身份介入此类案件能够进一步强化营造保护未成年人弱势群体权益的社会氛围，实现监护制度“以人为本”的法治精神。

三是未成年人主张劳动报酬之诉。虽然未成年人劳动能力有限，能够参与的劳动种类也有限，但是在未成年阶段参与劳动对于其一生的劳动观、价值观的形成具有根本性影响，其劳动价值需要得到应有的尊重。与用人单位相比，劳动者在经济实力、知识结构、人力资源等方面确有明显差距，以致其在诉讼能力上存在先天不足。检察机关可就此类特殊群体开展支持起诉，如已满 16 周岁以自己劳动收入为主要生活来源的讨薪之诉，或童星主张演出报酬等未成年人主张劳务所得之诉，都彰显了对劳动者及未成年人的司法人文关怀。

四是未成年人见义勇为的损害赔偿或补偿之诉。《民法典》第 183 条规定：“因保护他人民事权益使自己受到损害的，由侵权人承担民事责任，受益人可以给予适当补偿。没有侵权人、侵权人逃逸或者无力承担民事责任，受害人请求补偿的，受益人应当给予适当补偿。”为了弘扬社会主义核心价值观，鼓励和支持舍己为人的高尚行为，检察机关可以支持见义勇为的未成年人要求侵权人承担侵权责任；在没有侵权人、侵权人逃逸或者无力承担民事责任的情况下，检察机关还可以探索支持未成年人起诉请求在见义勇为行为中受益的人对其损失给予适当的补偿。

### （三）支持起诉诉请的进一步优化

《民法典》规定的民事责任承担方式有 11 种[①]，这意味着民事诉讼主体可以在这 11 种方式中选择诉讼请求的适用。但未成年人有其特殊的身心特点以及特定的权利需求，实践中可以结合实际情

① 根据《民法典》第 179 条的规定，民事责任的承担方式有停止侵害、消除危险、赔偿损失等 11 种，可以单独适用也可以合并适用。

况对诉讼请求具体内容进行优化，增加个性化、多样化的诉讼请求，促进最有利于未成年人原则在民事责任领域充分体现。如在涉及抚养问题或者侵权损害诉讼中，有的受害未成年人需要的可能并不是金钱赔偿，而是定期探望、适当陪伴、情绪安抚、心理疏导等特定行为的付出，检察机关可立足未成年受害人的合理愿望与实际需求，为其谋划并支持其提出具有实操可能的替代性行为类别诉讼请求，并在与法院积极沟通协调的基础上，促成诉讼请求获得生效裁判支持并最终得以实现，确保未成年人的合法权益落到实处。

### （四）支持起诉审级的精准化适用

有观点主张，支持起诉的审级应当严格限定在一审起诉或特殊程序申请中。[①] 课题组对此持不同意见。检察机关支持起诉的目的在于补强原告方的诉讼能力，维护诉权的实质平等。而诉讼能力的缺失与弱势往往是多元因素合力所致，难以在短时间内得到根本性改进和提升，更不会仅仅因为审级的提高而得到改善。虽然相较一审程序，民事诉讼的二审程序略为简单，但当事人的举证、质证等诉讼应对工作同样必不可少。因此，检察机关的支持工作应当一以贯之，确保未成年人的诉讼能力在整个诉讼过程中都能得到外在补强。如未成年人方不服一审裁判提出上诉的，检察机关经审查认为其上诉意见合法合理的，应当继续支持上诉，在二审环节提出检察支持意见；如果仅是原审被告上诉的，检察机关可以视情形引导未成年人方提出维持原判的主张，并结合上诉方的上诉请求与理由，就未成年人方的主张强化论证。

① 太昊：《检察支持起诉的实证研究——以2019年度1175份民事文书为中心展开》，载《司法改革论评》2020年第2期。

## 五、未检支持起诉制度的工作机制构建

### （一）多向的线索获取机制

1. 案件线索发现机制

未检部门在办理涉未成年人案件、特别是刑事案件的过程中，要形成证据审查与线索发掘的双查机制，充分关注未成年当事人的民事权益，既包括人身权益也包括财产权益；既包括未成年被害人的民事权益，也包括其他涉案未成年人的民事权益；既包括未成年个体的民事权益，也包括涉未成年人组织、单位的民事权益。另外，未检部门可以通过释法说理，引导当事人积极正当维权，向检察机关提出支持起诉申请。

2. 内部线索移送机制

涉未成年人支持起诉的案件线索不仅来源于未检部门，还可能来自检察机关其他职能部门，故应当建立跨部门线索移送机制。如普通刑事检察部门在办理诈骗罪、拒不支付劳动报酬罪、盗窃罪等侵害未成年人财产权利案件过程中，可能发现未成年人财产权益受损，需要支持起诉的线索。又如控告申诉部门在受理控告申诉过程中，可能发现涉未成年人权益被侵害的维权线索。再如民事检察部门在办理虚假诉讼案件中，可能发现逃避未成年人抚养费支付义务的案件线索等等。因此，未检部门应当主动加强与相关部门的沟通联系，协同定期排查案件线索。其他部门发现案件线索的，要及时移送未检部门办理。

3. 外部线索转介机制

检察机关对外与行政机关或公益组织、社会团体也应当建立线索转介机制，有效凝聚保护合力。修改后的《未成年人保护法》确立了“六大保护”体系，司法、教育、民政、医疗、妇联、团委等部门或组织在发现未成年人权益受损线索方面具有惯性工作模式与显

著工作优势。检察机关要善于借力，在信息共享、情况通报、线索转介、证据收集、结果反馈等方面与相关单位建立常态化联系机制，在更大层面扩展未检获取支持起诉案件线索的渠道和路径。

4. 大数据线索摸查机制

在未检支持起诉工作中落实数字检察战略，通过大数据赋能推进工作提质增效，是未检工作现代化发展的重要路径。开展大数据信息检索筛查、数据对碰、分析比对，可以有效发现未成年人权益受损的情形，精准锁定支持监督的对象与范围。近年来，未检部门与妇联、共青团、民政、公安等职能部门建立了多项常态化协作工作机制，逐步实现了数据互通、资源共享。以此为基础，未检部门可从中提取、归集涉未民事权益保障数据，通过筛查对碰及进一步的人工分析研判，得到涉未民事支持起诉线索。如广州检察机关搭建"教育培训机构拒绝履行退费责任数字监督模型"，发现多家教育培训机构收取未成年学员大额预付培训费用后停业，并拒绝退还相关费用，检察机关支持未成年学员方起诉培训机构获得退费，取得良好成效。

### （二）多域的未检特色机制

1. 监护资格同步审查机制

在办理监护侵害类案件中，在撤销监护权的同时，需要为未成年人指定新的监护人，因此检察机关在支持权利主体提起撤销监护权民事诉讼的同时，还要与民政部门建立监护资格同步审查机制，为未成年人找到最有利于其健康成长的监护人。对于拟撤销监护权的监护人、拟指定监护资格的监护人，由检察机关委托民政局通过其户籍地、经常居住地的村民委员会、居民委员会对其监护意愿、监护能力进行深入调查评估，出具书面调查报告，为撤销监护权诉讼提供充分依据。

2. 精神损害评估机制

目前，检察机关办理的人身侵权案件中以性侵害案件居多，这类案件中未成年被害人具有涉及精神心理治疗康复所需费用和精神损害赔偿金的诉讼请求。对此，检察机关可与医疗机构、心理咨询机构建立精神心理创伤评估机制。一方面为确定犯罪行为与精神心理创伤之间的因果关系提供专业评判依据；另一方面对后续的治疗康复制定方案，据此为“精神心理治疗康复所需费用”提供客观的计算标准，从而确保提出的赔偿金额得到法院支持。

3. 双向调查取证机制

对于未成年人追索抚养费的案件，检察机关可以从两个方向进行调查取证，协助受害人完善庭前证据收集。一方面，通过引入社会调查机制，对未成年人的成长环境、身体情况、就学情况进行调查，从而对未成年人成长必要养育、教育费用进行评估，提出合理的抚养费请求。另一方面，善于运用检察机关的调查核实权，对监护人的经济情况、收入情况等协助开展调查，防止监护人为了逃避抚养义务而转移、隐匿财产。

### （三）多维的支持工作机制

1. 提供法律帮助

在办理涉未支持起诉案件中，检察机关可以结合未成年当事人面临的实际困难，采取分类施策的方式提供切实可行的法律帮助。对于没有维权意识、不知可通过民事诉讼维护自身权利的未成年人方，应当向其宣传法治知识，告知其依法维权的路径；对于部分未成年人方出于时间、成本方面的考虑不愿维权，或者因诉讼能力薄弱、害怕被打击报复不敢维权的，对其进行引导，告知其检察机关支持起诉的职能，为其向人民法院请求减免诉讼费用、向司法机关申请法律援助等事务给予指导和帮助，打消其顾虑。还可向未成年人方讲解与民事诉讼相关的法律知识，使其明确民事诉讼正常流程，增强其运用法律武器解决纠纷的能力。

2. 指导撰写起诉状

起诉状具有标准化格式要求，具有法律专业性，如果原告方不符合申请法律援助的条件，没有经济条件聘请律师，又不具备相关法律知识，难以有效完成起诉状撰写这一诉讼准备工作。检察机关可以为未成年人方提供起诉状模板、法律依据、赔偿标准等帮助。同时，也应当明确告知当事人诉讼费用成本以及可能存在的诉讼风险，由当事人自行决定具体诉讼请求及主张赔偿的数额。

3. 引导调查取证

检察机关可以指导或依法帮助未成年人调查收集与案件事实和诉讼请求相关联的证据，以补强未成年人在证据收集方面的先天劣势，也可直接将检察机关掌握的证据提交法院。一是对于刑事案件办理过程中已经形成的证据材料，可以探索与人民法院建立证据移交机制，由检察机关直接将相关证据移交人民法院，从而提升司法效率。二是检察机关可以告知当事人需要收集的证据种类、需要达到的证明标准、证据收集的方式及要求等，引导当事人自行收集参与诉讼必要的证据材料，如在就医就诊过程中形成的诊疗记录、发票、交通住宿费用、护理费等证据材料。三是对于当事人无法直接调取，需要相关单位配合的证据，可引导当事人向人民法院申请调证函，在人民法院协助下予以调取。

4. 提交支持起诉意见书

检察机关决定对未成年当事人支持起诉的，应当制作《支持起诉意见书》并提交人民法院。为便于人民法院安排开庭审理，一般应当在原告提交民事起诉状之后一审开庭之前送达人民法院。《支持起诉意见书》内容包括案件来源、当事人基本情况、基本案件情况及支持起诉的理由依据等。支持起诉理由应当全面表达对未成年人合法诉求的认同，充分阐释支持起诉的必要性与合理性。

5. 参与庭审

一是法庭审理期间，经与人民法院沟通，检察官可以出席法庭，在庭上宣读支持起诉意见书，根据庭审情况，为当事人出示证据、答辩等提供建议，协助当事人收集相关判例并提供给法庭等。在这个过程中，应当注意，检察官有指导、建议权，但决定权归属于当事人，要把实体性权益决定权和选择权交给当事人。二是在尊重双方当事人处分权的基础上，检察机关可以参与到民事调解中，对当事人进行思想疏导，引导当事人平等协商解决纠纷。根据调查显示，在实践中检察机关支持起诉案件在诉讼中大部分以调解方式结案，这种检察机关参与到诉讼中与法院共同调解民事诉讼双方纠纷的模式已逐渐形成趋势。①

6. 判决审查

一是收到民事判决后，检察机关应当依法对判决书的内容进行审查，并将审查结果告知当事人，听取当事人对判决书是否上诉的意见。对于当事人依法上诉的，检察机关认为上诉理由成立的，可以继续为当事人提供必要的帮助；检察机关认为上诉理由不成立的，可以向当事人释法说理，但是应当充分尊重当事人的决定。二是在判决生效后，持续跟进判决执行情况，对未执行到位的判决，及时提醒当事人向人民法院申请强制执行，并告知当事人必要时可以向检察机关申请民事执行法律监督。

---

① 上海市虹口区人民检察院课题组：《检察机关涉未成年人案件支持起诉制度研究》，载《上海法学研究》2022年第18卷。

# 未成年人保护公益诉讼功能定位及完善路径研究

## ——以135例未成年人检察公益诉讼案件为样本

王保辉　宋　洁　杨青青*

现在社会未成年人权益面临系统性、扩散性危险，这种典型性及集中性特征凸显出未成年人公共利益得不到有效保护。未成年人公益诉讼突破了传统少年司法个体主义方式的局限，形成维护未成年人群体集体安全的新的诉讼机制。[①] 2020年，未成年人保护正式纳入公益诉讼检察法定领域，检察机关作为提起公益诉讼的主体，进行了有益探索，尤其是未成年人“四大检察”综合履职以来，不仅拓展了涉未公益诉讼的保护领域，也孵化了一批具有代表性的典型案例。但从制度确立到实践检验，也只有短短四年时间，因此有必要梳理当下涉未公益诉讼案例，分析制度运行中存在的重点、难点、堵点问题，才能进一步加强未成年人权益保护。

### 一、涉未公益诉讼案件的特征分析

本次研究的案例样本共有135例，其中行政公益诉讼114例，民事公益诉讼21例。样本来源于北大法宝、调研数据等，具有一定的

---

* 王保辉，安徽省淮南市人民检察院党组成员、副检察长；宋洁，安徽省淮南市人民检察院第二检察部副主任；杨青青，安徽省淮南市人民检察院第二检察部检察官助理。

① 王广聪：《未成年人公益诉讼与少年司法国家责任的拓展》，中国检察出版社2021年版，第14、104页。

代表性。研究发现，涉未公益诉讼案件具有履职方式多样性、履职范围开放性、民事公益诉讼占比较少、行政公益诉讼起诉率较低等特征。

### （一）综合履职方式具有多样性，履职范围具有开放性

针对侵害未成年人权益问题，检察机关探索性开展行政公益诉讼与民事公益诉讼，加强全面保护未成年人权益。例如，针对未成年人滥用成瘾性药物，湖州检察机关向市场监督管理局制发诉前检察建议，淮南市潘集区检察机关向涉事药企提起民事公益诉讼并获法院支持。履职范围具有开放性。检察机关依法在“等”外领域探索，除了传统食品药品领域，同时还在日租房、盲盒、电竞酒店、剧本杀、网络食品、个人信息等新型领域开展综合履职。

### （二）民事公益诉讼案件占比较低，行政公益诉讼起诉率低

民事公益诉讼仅21例，占比15.5%；行政公益诉讼114例，占比84.5%。主要原因是，行政公益诉讼较民事公益诉讼，能够通过诉前检察建议结案，耗费的时间短，效率更高，因此检察机关在民事公益诉讼与行政公益诉讼的诉权竞合时，往往会优先选择行政公益诉讼。以诉前检察建议结案的行政公益诉讼占比98.2%。样本中经法院判决行政违法的行政公益诉讼案件仅有2件，分别是贵州省沿河土家族自治县人民检察院督促履行食品安全监管职责行政公益诉讼案①以及云南省马关县人民检察院诉马关县文化和旅游局不履行监管职责公益诉讼案②。

---

① 检例第144号“贵州省沿河土家族自治县人民检察院督促履行食品安全监管职责行政公益诉讼案”，https://www.spp.gov.cn/spp/xwfbh/wsfbh/202203/t20220307_547722.shtml，访问时间：2024年3月24日。

② 云南省马关县人民检察院诉马关县文化和旅游局不履行监管职责公益诉讼案，https://www.thepaper.cn/newsDetail_forward_23613299，访问时间：2024年3月24日。

### （三）民事诉讼请求主要为停止侵害、赔礼道歉、损害赔偿

检察机关在民事公益诉讼中积极进行探索与实践，目前主要有以下几种方式：（1）停止侵害＋赔礼道歉。如电竞酒店违规接纳未成年人案，检察机关提出诉讼请求，要求依法判决酒吧立即停止招用未成年人、禁止接纳未成年人进入，并在省级媒体及其社交营销账号向社会公众赔礼道歉。[①]（2）损害赔偿＋赔礼道歉。如检察机关诉刘某销售假冒奶瓶奶嘴刑事附带民事公益诉讼案，检察机关提出诉讼请求，要求判决刘某承担公益损害赔偿金人民币 135452.4 元，并在国家级新闻媒体上公开赔礼道歉。[②]（3）仅赔礼道歉。如假冒“贝亲”销售不符合安全标准的母婴用品案，检察机关提出诉讼请求，要求在国家级新闻媒体上公开赔礼道歉。

## 二、涉未公益诉讼存在的问题

### （一）损害风险是否属于公益诉讼保护范围

要求造成不特定多数未成年人的实然损害还是损害可能性？侵害不特定多数未成年人的权益是要求造成现实损害还是可能损害，存在争议。例如在督促落实医疗领域未成年人强制报告制度行政公益诉讼案中，某市检察机关提前介入史某强奸案时发现，被害人曾到医院就诊，医生在明知孙某未满 14 周岁的情况下，未履行强制报告职责，该案暴露出相关医疗机构在落实强制报告中存在盲点，对未成年人健康成长造成潜在危害。该市检察机关向卫健委制发诉前检

---

① 江苏省高级人民法院发布人民陪审员参审十大典型案例之四“检察机关与某电竞酒店未成年人保护民事公益诉讼案——人民陪审员参加七人合议庭审理‘电竞酒店接纳未成年人’案”。

② 最高人民检察院发布 10 件“3·15”消费者权益保护检察公益诉讼典型案例之八“广东省深圳市南山区人民检察院诉刘某销售假冒奶瓶奶嘴刑事附带民事公益诉讼案”。

察建议。[1] 本案中，医疗机构未落实强制报告制度，是否达到了提起公益诉讼的标准？造成一名未成年人权益受到实质侵害，不符合“多数人”标准，因此本案提起公益诉讼的依据则是造成其他不特定未成年人受影响的危险。那么，不特定未成年人受影响的危险，是否属于公益诉讼保护范围，有待进一步探讨。

### （二）未成年人公共利益的范围不明确

未成年人保护作为公益诉讼的一个特殊领域，尚未明确基本概念。[2] 开展“两益论证”是检察机关提起涉未公益诉讼应当论证的核心。“公共利益”的范围不明确主要涉及两个方面，一是是否特指未成年人公共利益，二是是否要求损害具体领域的权益。

第一，“公共利益”是否特指未成年人公共利益。《未成年人保护法》第106条是检察机关提起未成年人公益诉讼的重要依据，[3] 但该条文并未明确检察机关提起公益诉讼的条件。针对该条文规定的“公共利益”有不同的观点：一是认为“公共利益”不特指未成年人利益，怠于履行未成年人保护职责，侵害公共利益，就可以提起涉未成年人公益诉讼。二是认为“公共利益”特指未成年人公共利益。这两种观点的争议，决定了公益诉讼的受案范围。例如，多个未成年人家长，怠于履行监护职责，导致未成年人拉帮结伙，在某地区实施聚众斗殴、盗窃、故意伤害等违法犯罪行为。家长怠于履职，导致特定未成年人违法犯罪，在违法犯罪实施过程中，选择的犯罪对象不特定，可以认为侵害了不特定多数人的权益。再如，监护人对未成年人实施暴力、虐待、遗弃等行为，不仅侵害未成年人权益，

---

① 李新、季美君、赖敏娓：《检察公益诉讼制度研究》，中国检察出版社2023年版，第228页。

② 王广聪：《未成年人公益诉讼与少年司法国家责任的拓展》，中国检察出版社2021年版，第16页。

③ 《未成年人保护法》第106条规定：“未成年人合法权益受到侵犯，相关组织和个人未代为提起诉讼的，人民检察院可以督促、支持其提起诉讼；涉及公共利益的，人民检察院有权提起公益诉讼。”

给未成年人造成阴影，也对社会公共秩序造成威胁。[①] 根据第二种观点，上述行为符合提起公益诉讼的条件。

第二，未成年人公共利益是指泛化的未成年人公共利益，还是具体的未成年人公共利益范围？目前对该条文的理解有两种观点：第一种观点主张泛化的未成年人公益保护目标，即只要涉及未成年人公共利益，检察机关就有权提起公益诉讼；第二种观点主张具体的未成年人公益保护范围，即只有涉及未成年人具体（特定）公共利益时，检察机关才有权提起公益诉讼。[②]

### （三）证明责任与标准不明确

证明标准是指诉讼中承担证明责任的人提供证据对案件事实加以证明所要达到的程度。[③] 因此，在讨论证明标准前，需要明确检察机关在未成年人公益诉讼中应当承担何种证明责任。

行政公益诉讼中，相比行政相对人，检察机关拥有调查核实权，是否还应当遵循行政诉讼的证明责任与标准？行政公益诉讼相较行政诉讼，增加了诉前检察建议程序，诉前检察建议的证明要求没有明确规定，导致检察建议制发过程中，有的行政机关认为没有达到证明标准，不应向其制发检察建议。同时，行政公益诉讼中制发诉前检察建议对行政违法或行政不作为的证明标准，与检察机关提起行政公益诉讼起诉的证明标准是否相同，目前也缺少明确规定。

在民事公益诉讼中，由于检察机关的介入，打破了诉讼双方当事人平等地位，是否还应当遵循民事诉讼的证明责任与标准？民事公益诉讼增加了诉前公告程序，对于诉前公告应当达到何种证明标准

---

① 秦爱榕：《论未成年人检察公益诉讼的构建》，载《法制与社会》2015 年第 26 期；赵卿、李庆：《未成年人检察公益诉讼制度构建研究——以全国首例民政部门申请监护权案为例》，载《青少年犯罪问题》2015 年第 5 期。

② 王广聪：《未成年人公益诉讼与少年司法国家责任的拓展》，中国检察出版社 2021 年版，第 145 页。

③ 李勇：《刑事证据审查三步法则》，法律出版社 2022 年版，第 389 页。

尚不确定，缺少明确的司法指引。因此，司法实践会将发布诉前公告的标准与起诉的标准相统一。即在发布诉前公告前就审查违法主体、事实、损害后果、因果关系，确认达到可起诉标准的，才启动诉前公告，公告期已满，则可提起诉讼。诉前程序与提起诉讼的证明标准统一存在两个方面问题，一是压缩了调查核实权发挥的空间，二是缩小了民事公益诉讼的起诉范围。一些未达到起诉标准的，通过调查核实能够达到起诉标准的，侵害公共利益的民事行为，则被排除在民事公益诉讼范围之外。

## 三、涉未公益诉讼制度功能定位：风险预防与损害弥补

对于未成年人公共利益范围不明确，风险损害是否应当纳入涉未公益诉讼范围等问题的争议，究其本质，是涉未公益诉讼制度功能定位的不确定。

### （一）民事公益诉讼功能定位：弥补损害为主，风险预防为辅

民事公益诉讼与行政公益诉讼的制度定位应作区分。检察机关提起民事公益诉讼应当受到比例原则的约束，在二者存在诉权竞合时，应当优先选择行政公益诉讼。只有在行政责任不足以覆盖公益损失时，才应通过民事公益诉讼追究行为人的民事赔偿责任。[①] 如安徽省淮南市潘集区人民检察院办理的涉未成年人滥用处方药案，在向行政机关制发检察建议，要求行政机关履行监护职责后，又向涉案药店提起民事公益诉讼，诉请主要围绕弥补被损害的公共利益展开。因此，针对侵害不特定多数未成年人权益的民事主体，提出民事公益诉讼，应当诉请弥补造成实际损害，不能仅是赔礼道歉。

① 刘梦洁：《聚焦民事公益诉讼 推进民事程序法治现代化——民事诉讼法学研究会2020年会议述要》，载《人民检察》2020年第22期。

### （二）行政公益诉讼功能定位：风险预防为主，弥补损害为辅

少年司法机制传统的事后处置模式无法发挥法律的御前功能。[①]由于诉权竞合时，优先适用行政公益诉讼，那么相较于民事公益诉讼“损害弥补为主，风险预防为辅”，行政公益诉讼的功能定位应当是“风险预防为主，弥补损害为辅”。行政公益诉讼作为一种新型的诉讼机制，公益诉讼的开放性能够适应风险社会的确定性，将可能危害的行为纳入提起诉讼的范围，一定程度上能够最大限度预防和减少社会公共利益的损失。[②] 只要存在不特定多数未成年人被侵害的可能，不需要造成实际损害，就可以提起涉未行政公益诉讼。

## 四、明确涉未公共利益的判断标准

未成年人作为公益诉讼的一个特殊领域，尚未明确基本概念。[③]“何谓公共利益?”谁代表公共利益？这是一个无可回避且必须回答的问题。如果不能对此予以界定并确定公共利益的代表机制的话，我们其实无从谈论什么是公益诉讼，何种主体能够以及如何提出公益诉讼。[④] 关于未成年人公共利益范围的明确，主要有两个判断标准，一是是否侵害不特定多数人利益，二是是否属于涉未公益诉讼保护范围。

### （一）不特定多数人的判断：发散性

以“发散性”作为不特定未成年人判断的标准。“只有发散性地

① ［日］关哲夫：《现代社会中法益论问题》，王充译，载赵秉志主编：《刑法论丛》（第12卷），法律出版社2007年版，第338页。

② 王广聪：《未成年人公益诉讼与少年司法国家责任的拓展》，中国检察出版社2021年版，第16页。

③ 王广聪：《未成年人公益诉讼与少年司法国家责任的拓展》，中国检察出版社2021年版，第16页。

④ 徐卉：《通往社会正义之路：公益诉讼理论研究》，法律出版社2009年版，第47页。

对归属某集体的不特定成员权益形成了一致性侵害，才属于公益诉讼保护范围。”[①] 样本中，经营者向未成年人提供文身服务[②]，网络平台允许未成年人注册账号并高额消费[③]，销售假冒奶瓶奶嘴[④]，以身高作为未成年人优惠标准，[⑤] 电竞酒店违规接纳未成年人并提供上网服务[⑥]，加强校园周边食品安全管理[⑦]等案件中，具有的共同特征，即开放性，针对不特定群体的开发，才能侵害不特定未成年人的权益。当然，提起民事公益诉讼还要求存在造成多数人实际损害的要求。

## （二）涉未公共利益的具体范围

第一，涉未成年人公益诉讼保护的利益应当仅指涉及未成年人的权益。对于父母未履行监护职责，导致未成年人重复犯罪的行为，不应纳入涉未公益诉讼范围。不履行监护职责侵害的只是特定未成年人，该未成年子女实施违法犯罪，虽然对公共秩序造成侵害，侵害了不特定多数人的权益，但公共秩序法益并不属于公益诉讼保护的法定范围。因此，针对该行为不应当提起民事公益诉讼。

第二，涉未公共利益保护范围应当是具体利益范畴。将未成年人

---

① 张卫平：《民事公益诉讼原则的制度化及其实施研究》，载《清华法学》2013 年第 4 期。

② 检例第 142 号“江苏省宿迁市人民检察院对章某为未成年人文身提起民事公益诉讼案”。

③ 检例第 174 号“未成年人网络民事权益综合司法保护案”。

④ 最高人民检察院发布 10 件“3·15”消费者权益保护检察公益诉讼典型案例之八“广东省深圳市南山区人民检察院诉刘某销售假冒奶瓶奶嘴刑事附带民事公益诉讼案”。

⑤ 第九届（2019 年度）十大公益诉讼案件之一“广东省消费者委员会诉广州长隆集团有限公司消费公益诉讼案”。

⑥ 最高人民检察院发布 2022 年度十大法律监督案例之七“宿城区检察院与 Z 酒店未成年人保护民事公益诉讼案——江苏检察机关办理全国首例电竞酒店违规接纳未成年人提供上网服务民事公益诉讼案”。

⑦ 重庆市高级人民法院发布 10 起 2022 年未成年人司法保护典型案例（第二批）之十“重庆市人民检察院第四分院诉秀山县某食品加工坊、秀山县某绿豆粉加工坊消费者权益保护公益诉讼——加强校园食品安全管理，维护未成年人‘舌尖上的安全’”。

本身作为一个整体的公共利益进行任意解释，将导致未成年人检察公益诉讼受案范围的不确定性，过于宽泛的理解不符合司法规律，从根本上不利于未成年人公共利益的司法保护。未成年人检察部门不能笼统地以涉及未成年人利益，就当然赋权进行公益诉讼。[①] 具体包括：（1）涉未食品药品领域，保障未成年人生存权；（2）涉未环境安全领域，包括校园周边交通、食品安全、环境（噪音）安全等，保障发展权；（3）涉未日常消费领域，包括网络消费、线下消费等，保障发展权与参与权；（4）涉未教育等领域，包括对校外培训机构的监督、校内入职查询的监督，保障教育权。

第三，依法积极稳妥探索“等”外领域。积极探索是指针对侵害不特定未成年人权益探索开展涉未公益诉讼。稳妥探索是指涉未公益诉讼保护的范围应当遵循《未成年人保护法》第 3 条“国家保障未成年人生存权、发展权、受保护权、参与权等权利”的规定。

## 五、细化涉未公益诉讼证明标准

### （一）民事公益诉讼证明标准的细化

涉未民事公益诉讼证明责任分配尚没有明确规定，但根据多地办理的为未成年人提供文身的民事公益诉讼司法实践[②]，证明责任分配仍旧遵循民事诉讼法规定。民事公益诉讼相较于民事诉讼，还具有特殊的诉前公告程序，因此应当分阶段细化民事公益诉讼的证明标准。

1. 诉前公告阶段：合理怀疑标准

为充分发挥检察机关调查核实权，诉前公告阶段应当采用合理怀疑标准。合理怀疑标准由美国宪法第四修正案的“相当理由”标准

① 王广聪：《未成年人公益诉讼与少年司法国家责任的拓展》，中国检察出版社 2021 年版，第 145 页。

② 检例第 142 号“江苏省宿迁市人民检察院对章某为未成年人文身提起民事公益诉讼案”为全国首例，此后重庆市、白山市、德州市、太原市检察机关先后办理了此类案件。

发展而来。是指“有合理理由怀疑是……”[①]，在公益诉讼中的内涵是“有合理的理由相信可能存在侵害不特定未成年人权益”。合理怀疑标准较优势证明标准低，诉前阶段降低了证明标准。一方面，能够充分发挥检察机关调查核实权，收集关于违法主体、因果关系以及损害程度的证据。另一方面，扩大了民事公益诉讼的保护范围。针对一些没有达到优势证明标准的违法线索发布诉前公告，通过调查核实达到提起诉讼的证明标准，提起民事公益诉讼。

2. 提起诉讼：优势证明标准

提起民事公益诉讼应当采用优势证明的标准。根据“两高”《关于检察公益诉讼案件适用法律若干问题的解释》规定，检察机关提起民事公益诉讼时要提交“被告的行为已经损害社会公共利益的初步证明材料”。但并未明确初步证明标准是何种证明标准。《未成年人检察业务》中提到，对于民事损失数额的认定标准，可以采用低于刑事案件证明标准的标准，[②] 因此可以是优势证明标准，清楚而令人信服的标准，合理怀疑证明标准。

域外考察发现，英国民事公益诉讼中，告发人制度[③]经历了从优势证明标准到排除合理怀疑标准，再到优势证明标准的波折。二次变更的原因是证明标准的提高导致告发人诉讼案件急剧减少，甚至消失。因此，1986 年国会再次修改告发人诉讼证明标准，明确规定为“优势证据”标准。[④] 考虑到我国民事公益诉讼的参与主体不仅有检察机关，还有其他组织，因此证明标准不应过高，应当与民事诉讼统一，采用优势证明标准。

---

① 李勇：《互殴与防卫——优越利益原理下实体与程序规则重构》，法律出版社 2023 年版，第 206 - 209 页。

② 童建明、万春、宋英辉等：《未成年人检察业务》，中国检察出版社 2022 年版，第 482 页。

③ 告发人制度，是指告发人为了自己利益和公共利益，根据相关法律规定，对侵害公共利益的行为以政府的名义提起民事诉讼。

④ 李新、季美君、赖敏娓：《检察公益诉讼制度研究》，中国检察出版社 2023 年版，第 92 - 93 页。

### （二）细化行政公益诉讼的证明标准

行政公益诉讼相较于民事诉讼，还具有诉前检察建议程序，且绝大部分案件都是以诉前检察建议结案，因此应当分阶段细化行政公益诉讼的证明标准。

对于制发检察建议，应当达到优势证据的证明标准。一方面，行政公益诉讼诉前检察建议相较于社会治理类检察建议，具有诉前程序司法化倾向。[①] 另一方面，民事公益诉讼的诉前公告并不必然启动诉讼，但制发检察建议后，行政机关怠于履行检察建议，将会启动行政公益诉讼，因此要求比民事公益诉讼诉前公告更高的证明标准。

从应然层面，检察公益诉讼中应享有的调查核实权必须与举证责任、证明标准相结合进行动态联系分析，三者之间具有目的主义的关系，即调查举证权服务于举证责任、证明标准。[②] 行政公益诉讼中仍旧应当由行政机关举证证明其行为的合法性。行政公益诉讼中，关于举证责任的承担目前有四种观点：第一种观点认为不应突破行政诉讼的举证模式，即举证责任倒置；第二种观点认为应当遵循平均主义的举证模式；第三种观点认为应由检察机关举证行政行为是否合法；第四种观点认为由检察机关提出初步的证据，行政机关仍旧承担证明具体行政行为合法性的举证责任。[③] 事实上，应当将行政诉讼法规定与行政公益诉讼举证责任相统一，是现实的也是适宜的。[④]

---

① 王广聪：《未成年人公益诉讼与少年司法国家责任的拓展》，中国检察出版社 2021 年版，第 188 – 199 页。

② 参见樊华中：《检察公益诉讼的调查核实权研究——基于目的主义视角》，载《中国政法大学学报》2019 年第 3 期。

③ 李新、季美君、赖敏娓：《检察公益诉讼制度研究》，中国检察出版社 2023 年版，第 67 页。

④ 黄学贤：《行政公益诉讼若干热点问题探讨》，载《法学》2005 年第 10 期。

## 六、余论

任何一项重大制度的诞生与发展，都与时代脉搏息息相关。未成年人保护公益诉讼从2020年设立以来，蓬勃发展，方兴未艾。未成年人公益诉讼不仅需要明确公益范围，细化证明标准，还需要解决涉未成年人公益诉讼中诉讼请求的精准性、可执行性等问题。如赔礼道歉中如何确定发布道歉信息的新闻级别？赔礼道歉是弥补公益损害的方式，目前绝大部分民事公益诉讼都有该项诉请，但有的是在国家级平台，如《法治日报》等，有的则是省级新闻平台，还有的是市级新闻平台。这些司法实务中的问题，还需未检同仁进一步深入研究。

# 业务论坛

# 网络失范诱导未成年人犯罪的分级干预研究

## ——以F市为实例

李 琦 郑伟铃*

习近平总书记强调：“当代中国少年儿童既是实现第一个百年奋斗目标的经历者、见证者，更是实现第二个百年奋斗目标、建设社会主义现代化强国的生力军。”① 随着信息网络技术的快速迭代发展，未成年人面临的网络空间环境也呈现出更加多样、复杂的特点，网络上的信息和资讯如潮水般扑面而来，这对未成年人的人生观、价值观、行为习惯等都会产生重要的影响，从而进一步关系到其成长方向和人格发育。因此，涉及未成年人犯罪预防和保护的网络治理是网络信息规范和管理的重要问题。检察机关作为参与未成年人司法保护全过程的司法机关，要充分发挥检察职能，多措并举净化网络空间，保障未成年人安全“触网”、健康上网，并对因网络信息失范诱发的未成年犯罪嫌疑人进行分级处遇，以期达到回归社会的目的。

---

* 李琦，福建省福州市人民检察院第一检察部三级检察官；郑伟铃，福建省福州市鼓楼区人民检察院第五检察部一级检察官。

① 《习近平寄语广大少年儿童强调刻苦学习知识坚定理想信念磨练坚强意志锻炼强健体魄为实现中华民族伟大复兴的中国梦时刻准备着向全国各族少年儿童致以节日的祝贺》，载《思想政治工作研究》2020年第6期。

## 一、网络失范的类别划分

### （一）准入对象的失范

当前网络实名认证分为多种形式。较弱的实名制，一般通过手机号和身份证号认证；较强的实名制，如需要提交身份证正反面照片，甚至手持身份证照；最强程度的实名认证，需要通过银行卡验证，甚至需要人脸识别来确认身份，这通常涉及金融支付等领域。目前绝大多数网络平台仅需较弱实名认证，这种认证模式无法有效识别未成年人并征得家长同意，未成年人能够轻易绕开身份证号、手机号等较弱的认证手段，以成年人的身份接受服务避开限制性保护措施；有的网络平台甚至无须认证，也没有设置观看限制，用户即便处于未登录的“游客模式”，也可持续观看网页内容，暴露出对未成年人保护不足的问题。

### （二）管理模式的失范

2019 年 3 月，国家互联网信息办公室在短视频平台和直播平台试点上线的“青少年防沉迷系统”。通过该系统的管控，未成年人上网时会在适用网络的时间、内容等方面进行限定。但这个系统是非强制性的，而且在各网络平台上的具体设置并不完全相同，在实际运营中，仍然存在诸多问题，有的短视频 App 虽然需要选择进入的模式，但是网页上仍然有明显不适合青少年观看的内容，画面充满了色情意味，下方“青少年模式”字样形同虚设；有的存在技术漏洞，网上关于如何破解“青少年模式”的帖子不在少数，而且“青少年模式”设定的密码通常只有四位数，且密码不会“输错多次就锁定”，这就意味着用户可反复猜测密码，进行解锁；有的“青少年模式”仅限制了直播页面，但未对在线 K 歌录制、评论与关注、原创音乐社区等带有社交属性的功能采取限制措施；有的平台 App 虽然采取了使用时间的限制措施，但手机中可以存在同类型的多款App，每款应用轮流使用后上网时长依然无法控制，难以根本解决青少年沉迷网络的问题。

### （三）信息内容的失范

根据2022年《全国未成年人互联网使用情况研究报告》，未成年人互联网普及率达96.8%，但有半数以上未成年人曾遭遇网络不良信息，比如某些面向少儿的动漫作品里充斥着校园霸凌、封建迷信等不良内容；愉悦身心的直播、短视频网站潜藏着色情、暴力、恐怖等低俗信息；教辅应用中藏有游戏、小说等非正常学习内容的推送等。互联网让信息发布的准入门槛很低，人人都有“麦克风”，赋予用户便利的同时，也给了不良运营商以可乘之机，由于发布低俗有害信息的违规成本偏低，被查处后的惩罚措施尚不足以形成强大的威慑力，在高额利润和低违规成本的综合作用下，部分不良运营商甘于冒着被查处的风险，进行违规操作。未成年人心智尚未成熟、三观尚未定型，对色情低俗、血腥暴力、恐怖霸凌等有害信息的辨别力、抵制力较差，很容易陷入这些低俗有害内容。

### （四）传播效果的失范

随着微博、贴吧、知乎、豆瓣等互联网媒体的发展，网络以涉及面广、传播速度快、社会影响大的特点得以充分展现，特别是“网络水军”的影响力非常大，常常一个微不足道的话题被网络水军造势成惊天动地的大新闻，在国内许多知名的大论坛内，相当比例的帖子是“网络水军”炒作出来的，那些所谓的“精华帖”和“热门帖”等，只有极少数是网民自发点击、回帖形成的，大多都是“网络水军”在策划推动，主要表现在编造虚假信息、蹭热点流量以及用虚假负面信息实施敲诈等。“网络水军”作为一个庞大的群体，往往都是最底层的网络民工，其中涉世不深的未成年人是其重要组成部分，他们为了一点利益而参与其中，成为网络乱象的幕后推手，污染网络生态。

### （五）信息泄露的失范

随着网络信息技术的不断发展，许多未成年人的学习、社交、购物都是在网络平台进行，与此同时，侵犯未成年人信息的案件也逐年增加。在一项针对青少年网络安全和隐私保护现状的调研中发现，中学生拥有负面隐私经历的占比达到 13%[①]。未成年人信息泄露的原因包括：未成年人及其监护人的安全用网意识不强；一些网络信息处理者强制授权、超范围收集个人信息，甚至违规使用个人信息；一些网络运营商掌握大量未成年人个人信息可能带来泄露和滥用的风险，特别是中小型网络运营商保护用户个人信息的能力较为有限；一些不法分子利用未成年人心智不成熟、自我保护意识不强等特点，对未成年人进行教唆、威胁等，从而控制未成年人的思想，进而胁迫、诱惑其泄露本人及家庭信息，而侵犯未成年人网络隐私背后往往有黑灰产业链存在，给家庭及社会带来安全隐患的同时，还严重影响未成年人树立正确的世界观、人生观、价值观，不利于未成年人的成长。

## 二、基于网络失范引发的涉未成年人犯罪类型

2021 年以来，F 市检察机关办理的案件中，未成年人涉嫌网络犯罪 407 人，未成年人遭受网络犯罪侵害 252 人，主要涉及以下四种情形：

### （一）受网络色情引诱实施犯罪行为

2023 年 3 月 28 日，国家互联网信息办公室相关负责人在国务院

① 参见《怎样守护未成年人个人信息网络安全》，载中国教育信息化网，https://www.ict.edu.cn/news/jrgz/xxhdt/n20231130_82767.shtml，2023 年 11 月 30 日。

新闻办公室举行新闻发布会上介绍了2023年“清朗”专项行动，将专项针对互联网自媒体乱象、网络水军、规范重点流量环节等九大方面问题。[①]“清朗”行动有力打击了涉及未成年人的“黑”“黄”等不良信息，也反映出网络色情信息对于处于青春萌芽的未成年人具有严重影响，甚至成为滋生性犯罪的“温床”。2021年以来，F市检察机关办理的案件中共发现80名未成年少女或在卖淫团体的组织下或在卖淫团体的逼迫下实施卖淫活动。微信“附近的人”功能及陌陌、探探等交友软件成为网络招嫖主要渠道。部分卖淫团体为谋取非法利益，以社交软件为渠道寻找嫖娼人员，组织或强迫未成年少女前往约定地点卖淫，甚至引诱不满12周岁的幼女卖淫。如F市T区检察院办理的谢某某组织卖淫等案，谢某某等人组织卖淫团伙成员为获取不法利益，通过强行实施暴力威胁，利用陌陌等交友App网络招嫖，逼迫被其控制的十余名未成年少女外出卖淫。又如F市M区检察院办理的黄某某、李某某强奸、引诱幼女卖淫案，犯罪嫌疑人黄某某、李某某等人通过陌陌App寻找嫖客，以赚更多钱等利益诱惑，引诱11周岁、13周岁女孩卖淫。因网络招嫖的高隐蔽性、高利润性及易操作性，部分未成年人因利益驱动，铤而走险主动加入卖淫团体或另起炉灶成立卖淫团体。2021年以来，共有29名未成年人被利益驱使主动参与组织卖淫、介绍卖淫、强迫卖淫等。如F市C区检察院办理的左某某强迫卖淫案，4名分别为14至16周岁的未成年人因在饭店做服务员的工资不够日常开销，便通过微信冒充老板以面试工作为由将14周岁的被害人骗到福州，后利用微信、陌陌等App来招揽嫖客，使用暴力、威胁等手段逼迫被害人卖淫以谋取利益。部分犯罪嫌疑人为泄愤，将强迫未成年少女卖淫作为实施侮辱欺凌的手段。如F市M县检察院办理的张某某（17周岁）强迫卖淫案，同案犯余某某因不满16周岁的被害人与其男友暧昧不清，遂纠

① 于洋、尚富锦：《互联网型运动式治理：新特征与运行逻辑——基于“清朗”专项行动的研究》，载《公共管理学报》2023年第3期。

集人员对被害人进行殴打、羞辱，并利用张某某微信招揽嫖客，强迫被害人卖淫。

（二）受暴力因素引诱实施犯罪行为

互联网快速发展使得网络信息交换自由度非常高，未成年人在海量网络信息中容易失去信息筛选和处理的能力，随着网络暴力血腥游戏和部分违法犯罪信息在互联网中蔓延，此类信息对未成年人具有极强的吸引力，导致未成年人出于好奇去模仿相关犯罪手段。[①] 如F市G区发生的一起聚众斗殴案，2022年的一天，未成年人刘某某和王某某在网络社交平台聊天时发生语言冲突，双方通过网络社交平台添加其他人员参与其中并导致冲突升级，后双方约定在鼓楼区附近斗殴，斗殴过程中王某某被打伤，经鉴定，其损伤程度为轻伤二级，最后本案以聚众斗殴罪追究涉罪人员的刑事责任。本案就是典型的因网络平台言语冲突最终导致线下实体犯罪。

（三）受网络虚假信息引诱实施犯罪行为

未成年人由于缺乏社会阅历和收入来源，容易受网络虚假信息引诱，容易被诈骗犯罪分子蛊惑而成为电信网络诈骗的帮凶，引发网络诈骗及帮助信息网络犯罪活动等案件。2021年以来，F市检察机关办理未成年人涉嫌该类犯罪358人，且人数居高不下（详见下表）。其中，办理未成年人涉嫌电信网络诈骗案102人，人数呈逐年上升趋势。有的未成年人主动加入犯罪团伙，通过注册虚假身份及利用网络聊天交友平台寻找诈骗对象，以“杀猪盘＋虚假投资”模式实施诈骗活动。如F市检察院办理的汤某某诈骗案，未成年犯罪嫌疑人汤某某经诈骗公司老板罗某某招募担任公司“业务员”，通过伪装成女性与境外被害人聊天并伙同同案人引诱被害人在虚假虚拟

① 刘亚娜、高英彤：《青少年沉迷网络游戏及引发犯罪的实证研究与应对机制》，载《山东大学学报（哲学社会科学版）》2020年第3期。

币投资平台上投入资金以骗取钱财，并根据个人诈骗业绩获取提成报酬。还有的未成年人为轻松获取金钱利益，通过帮助上线诈骗分子吸粉引流、架设“手机口”等参与诈骗活动。如F市M县检察院办理的林某某诈骗案，未成年犯罪嫌疑人林某某在“快手”短视频评论区认识其“上线”，在明知“上线”系境外电信诈骗分子的情况下，仍通过提供电话转拨、QQ语音转接等帮助“上线”实施诈骗架设“手机口”，并计时收取报酬。另外，2021年以来，F市检察机关共办理未成年人涉嫌帮助信息网络犯罪108人，涉嫌掩饰、隐瞒犯罪所得罪148人（详见下表）。2023年未成年人涉嫌帮助信息网络犯罪有所减少，涉嫌掩饰、隐瞒犯罪所得犯罪数量仍较多。可以说，随着打击和防控力度加大，单纯出租、出售银行卡的情形有所减少，转而代之的是要求在“卖卡”的同时提供“刷脸”转账验证等帮助的情况。

**2021—2023年F市检察机关办理未成年人涉嫌电信网络诈骗相关犯罪情况数据统计表**

| 序号 | 罪名 | 2021年（人） | 2022年（人） | 2023年（人） | 合计（人） |
|---|---|---|---|---|---|
| 1 | 诈骗 | 15 | 23 | 64 | 102 |
| 2 | 帮助信息网络犯罪 | 38 | 61 | 9 | 108 |
| 3 | 掩饰、隐瞒犯罪所得 | 29 | 75 | 44 | 148 |
| 合计（人） | | 82 | 159 | 117 | 358 |

### （四）受网络传播犯罪方法引诱实施犯罪

网络视频平台在推送相关信息时，有时会存在部分不法信息，比如传授具体犯罪方法的信息会避开平台审核而出现在App应用中，从而诱导未成年人对视频中的犯罪方法进行模仿学习，进而导致犯罪发生。2021年以来，F市检察机关共办理未成年人涉嫌开设赌场案29人。一是利用手机App开设赌场。组织者以手机App为媒介建群，招揽不特定人员参赌，并通过微信、支付宝等接受投注、结算赌资，通过向赢家“抽头”的方式稳定盈利。如F市检察院办理的陆某某开设赌场案，未成年犯罪嫌疑人陆某某为牟取非法利益，2个月内先后创建15个微信群并招揽赌博人员进群，后组织群内赌博人员至某网络游戏平台房间内玩“牛牛”比大小游戏进行赌博，从中抽头约人民币1.5万元。二是为赌博网站担任代理接受投注。这类开设赌场案件以层层代理模式发展下线和参赌人员，赌博网站会给予代理一定比例的返佣，以此激励代理发展人员参赌。如F市检察院办理的陈某某开设赌场案，未成年犯罪嫌疑人陈某与其同案人陈某某（系陈某父亲）经策划后，为“星耀”“H9玩吧”“欢乐游”“锦泰”等网络赌博平台担任代理长达约一年之久，共获利约人民币11万元。三是为求职误入赌博公司为网络赌场“上、下分”（作为媒介实现游戏币和金钱的兑换）。如F市C区检察院办理的丁某某开设赌场案及F市M区检察院办理的陈某某开设赌场案，未成年犯罪嫌疑人丁某某、陈某某均是在不知情的情况下，经人介绍误入赌博公司上班，通过网络赌博平台替赌徒“上分”（将金钱兑换成游戏币），但在“上分”过程中意识到所谓“客户”是赌徒后未收手。

## 三、对因网络失范诱发犯罪的未成年人实现分级干预的优化路径

### （一）引入针对未成年人网络信息分级，构筑清朗网络空间

1. 现有法律规定表明我国立法一定程度上采纳了网络信息分级制度

对网络信息进行分级分类，筛选出不符合未成年人身心健康的信息予以屏蔽，多推送有利于未成年人发展成长规律的信息，这方面可以借鉴国外已有经验和做法。比如在防止色情信息侵入未成年人网络使用领域方面，可以借鉴美国的《通信行为端正法案》和《儿童互联网保护法》，还有澳大利亚的《传播服务法1992》、德国的

《信息和通信服务规范法》、日本的《不良网站对策法》等，都对网络信息的管理提供了可以借鉴的措施。我国《未成年人保护法》《未成年人网络保护条例》等法律和规定中[①]，也已经对不同年龄段未成年人的现实情况确定了适合其身心发展的网络信息种类和标准，并且该项分类具体办法由网信部门及相关部门联合制定。

2. 根据未成年人身心发展的客观规律和现实需要，对网络信息的内容和适合年龄段进行分级

在网络信息分级标准制定上，可以参照美国、韩国，利用关键词对网络信息进行分类，比如暴力、性、裸露等信息[②]。适用大数据分析、敏感词筛查、抄袭内容技术审定等手段，对网络信息进行程度上的分级，如可分为接受、限制、禁止三个级别。其中“接受”应该是有利于未成年人学习生活和健康的信息内容，应该在社会中推广的内容，比如自然知识科普、志愿者服务、爱国教育等；“限制”则是针对不同年龄段未成年人限制推送；“禁止”则是绝对禁止，任何年龄段的未成年人都不可观看，如宣传色情、暴力、颠覆国家政权类的信息。需要强调的是，“限制”级别的年龄段划分，可以针对该类信息内容细化分级。比如，将未成年人划分为 6 周岁以下、7 周岁至 12 周岁、13 周岁至 17 周岁三个层级。6 周岁以下儿童对外界尚未构成完整的感官，其所接受的网络信息应该在监护人的审核陪同之下，重点在于益智类、感统类视频，对于其他过于复杂的网络信息不建议接收。7 周岁至 12 周岁的未成年人根据身体发育的客观情况，已经处于“青春期”，脑力、体力都将达到一个新的巅峰，好动与模仿是这个年龄段的特点，对于这个年龄段的未成年人要注重网络信息的限制，比如限制轻微暴力类、高消费享乐类视频，限制网络直播打赏和游戏充值类的软件。13 周岁至 17 周岁的未成年人相比

① 详见《未成年人保护法》第 67 条、《未成年人网络保护条例》第 23 条。

② 谢永江、李嘉宁：《我国未成年人网络信息分级制度建构》，载《江西社会科学》2016 年第 10 期。

之前更加成熟，处于向成年人的过渡期，已经初步具有了较为完整的辨别能力和心智，对于网络信息的筛选应该集中在禁止宣扬犯罪的信息，增加普法信息的推送。

3. 对网络信息分级所带来的负担需客观对待

网络分级落实的主要手段在于重视对网络信息经营和发布者的监管，对信息发布方、游戏出品方、网络服务方、网络平台运营者、网吧经营者等主体范围进行明确，进而明确相关部门的审查监督职责，针对不同违规不良网络信息的数量和影响分级进行处罚，同时可以建立通告制度，在行业内形成“以案示法”的作用。在依法维护未成年人安全用网权益的同时，也需要尊重网络信息经营者、发布者的权利。实践中，网络对于未成年人的学习生活的积极作用是不可忽视的，比如在新冠疫情特殊时期，网络授课成为未成年人学习的重要手段。因此，对于网络信息的分级管控和监督应该避免“一刀切”和“大家长制”，应赋予未成年人获取多样信息的正当权利，不应过分增设对网络信息的不合理限制和负担。同时，应注意保障网络信息经营者的正当利益，不能以未成年人信息分级为由，苛责经营者履行不需要承担的责任，更不可剥夺经营者依法应当获取的利益，避免形成负面效应，反而不利于分级信息机制的建设。

### （二）落实未成年人罪错分级处理机制，促进分层分类处理

1. 强化多维度分层

一是按年龄结构分级。主要依据是刑法对于刑事责任年龄的规定，以 12 周岁作为分界线。不满 12 周岁的未成年人，与家庭联系度极高，应该以监护人教育为主进行干预。对于已满 12 周岁的未成年人，根据法律规定在特定情况下，可以追究刑事责任的，因此根据其行为严重性可以增设学校、公安机关的介入等。二是按罪错程度分级。罪错程度主要根据罪错未成年人的行为性质、情节轻重、危害大小等进行分类，由轻到重分为不良行为、严重不良行为、触犯

刑法行为。不良行为的主要特点就是未成年人自暴自弃、自我危害，如不及时干预则会日益严重，甚至走向犯罪深渊。严重不良行为是指已经危害社会，需要及时发现并制止，且视轻重程度由监护人和学校管教，或由公安机关采取相应的矫治教育管控措施。触犯刑法行为主要是指根据《刑法》第17条规定，达到刑事责任年龄且具有法律规定的犯罪行为。对这三种等级的行为因案而异、分类干预。三是按处遇措施分级。处遇措施按功能性质分为关照类措施，如交由监护人监管、社工服务、心理行为矫治；教育矫治类措施，如由学校进行日常行为矫正与告诫，公安机关根据治安管理处罚法等规定开展训诫活动，法院发布社会服务令，对于符合条件的，也可以转入专门学校进行教育矫治；刑事类措施，如判处刑罚，接受社区矫正等。按层级可阶梯化分为"家庭、学校管教训诫""公安行政处罚、社会观护帮教、专门学校教育矫治""附条件不起诉、司法社工帮教、专门学校教育矫治、社区矫正"等。

2. 做好差异性干预

一是精准实施刑事处遇措施。对被附条件不起诉的未成年人，结合其成长经历、犯罪原因、监护条件制定个性化的帮教方案，开展系统性、针对性的帮教。对判处缓刑的罪错未成年人，明确专门机构、人员、"一案一策"结对帮教，定期会诊，跟踪回访，引导其正常融入社会；对被判处实刑服刑完毕的未成年人，要做好去"标签化"处理，由有关部门联合社区加强帮教，并对困难人员开展救助，促使其更好地融入社会。二是建立专门学校，开展专门教育矫治。探索建立辐射面广、功能齐全、相对集中的未成年人专门学校，确立正确的办学方向、科学的教育理念、系统的管理体系、丰富的教学内容、必要的矫治功能和配套的社会服务等条件规范学校的设置和管理体系。三是借助社会力量，开展社会化帮教。积极引入社会力量，包括司法社工、心理咨询师、家庭教育指导师、公益组织和志愿者等，对罪错未成年人量身定制社会化帮教措施。

3. 落实系统化治理

一是积极介入早发现。检察机关应会同有关部门建立完善的线索发现、情况互通、多方联动机制。积极加强与公安机关协作，推动构建公安通报、检察监督的信息共享格局。积极争取教育部门配合，以情况互通、法治进校园、强制报告等为抓手，多渠道收集罪错未成年人违法犯罪线索，并配合做好跟踪帮教工作。密切关注案件办理过程中发现的罪错未成年人线索，逐案审查，逐案填写罪错未成年人情况登记表，确保应发现尽发现，及时落实干预措施。二是规范流程快速处置。积极推动相关部门出台罪错未成年人违法犯罪治理的相关规范性文件，明确责任主体、衔接办法和组织保障。完善内部操作流程，规范法律文书制作。探索建立检察社会服务中心、法治志愿服务团队，承担社会化工作转介职能，推动检察社会服务与相关部门、组织的常态化联系，有效衔接。

### （三）构建社会支持体系，分级实现未成年人综合保护

根据现行《预防未成年人犯罪法》的相关规定，目前我国对于未成年人分级干预的层级主要分三部分，第一级是对于仅有一般不良行为的未成年人，主要依靠家庭和学校的管教；第二级是对于具有严重不良行为的未成年人，甚至拒不配合管教的未成年人，由公安机关介入，可以送到专门学校（以 F 市为例，该市专门学校由公安局和教育局主管）；第三级则是已经涉及犯罪的未成年人，直接交由司法机关进行依法处罚和帮教矫治。由此可见，对于未成年人涉网犯罪的分级预防工作是一项社会化工程、系统性任务，需要多主体的参与才能实现最好的效果。结合未成年人成长发育的客观规律和现实需求，按照与未成年人亲密程度的级别，可从家庭、学校、社会和司法四个角度实现分级预防与保护。

1. Ⅰ级干预——家庭

《民法典》中规定了父母对子女具有监护权，在《预防未成年人

犯罪法》中也规定了父母对于子女具有管教的职责。因此，父母对于子女的教育和保护既是权利也是义务，而且要求具有长期性和有效性。对涉案未成年人的不良行为进行分析发现，子女的行为模式往往反映出家庭的教育监管程度和方式。比如，在缺少有效监护的情况下，未成年人很容易沾染网瘾、抽烟喝酒等不良习惯，甚至会在自认为的“无聊”中结交有违法犯罪前科的社会分子，为陷入犯罪泥潭埋下隐患。由此可见，良好的家庭监管是未成年人养成良好生活习惯的重要条件，缺少父母管教的孩子，其“放飞自我”的可能性也相对较高，对错误不能及时发现，甚至会放任、包容错误的发生，也更容易被危险的不良信息所吸引。

家庭是子女远离犯罪的第一道屏障，而且是最亲密的地带。失败的家庭教育无疑增加了子女接触违法犯罪行为的风险。因此，首先父母在家庭中要发挥正向、积极的引导作用，以身作则，为子女树立良好的榜样。其次父母要做好“防微杜渐”，在生活中多关注子女的日常行为，一旦发现行为偏差要及时制止和纠正，再轻微的异常行为，在积少成多的情况下也会出现量变到质变的结果。最后父母要做好子女生活的“陪伴者”角色。在司法实践中，部分缺少监护的家庭，父母给出的理由都是“太忙”“没有空”等。客观上看，生活的压力确实会压缩亲子相处的时间，但有效的陪护远胜过24小时对子女无边界感的“监视”。家长在满足子女物质需求的同时，要注重情感的投入，协助子女掌控自己的言行，防治和抵御不良行为的发生。

2. Ⅱ级干预——学校

走出家庭后的未成年人，进入社会性的第一个场所就是学校。如果说家庭的重心在于“养”，则学校的重心应该在“育”。学校的师资队伍、专业素养、教学设备的配备均凸显了其教育的方向和专业。同时，教育中集体学习的大环境也为未成年人创造了“比学赶超”的氛围。因此，学校对于未成年人的干预保护承担着特殊的责任。

但现实中学校教育也不同程度地存在问题，比如严重体罚虐待学生事件、唯分数论的教育模式、教职工对于学生间不平等对待等。面对未成年人涉罪的严重事态，学校应该关注现代社会的特点，调整教育目标和方式，对学生在校内的表现提高警惕，避免其步入歧途。

在日常教管工作中，学校应该从以下几个方面着力：一是提升教职工和学生的法律意识，强化校内普法教育。发现有学生存在旷课上网、观看网络色情视频等初期不良行为时，学校应当及时反应，对这种不良行为可能发展成违法犯罪的危险性进行预判，在日常教育工作中增加针对网络危害的普法课程，强调网络“双刃剑”的特点。二是树立典型，强化遵纪守法的标兵意识。可以班级委员为代表，增设“普法小卫士”等荣誉称号，提升学生自我监督意识。同时，对于之前存在不良用网行为的同学，不可特殊对待，不可贴标签，应主动帮助其认识并改掉存在的问题。三是在线下教学全面恢复的时期，建议减少线上课程的任务要求，减少不必要接触网络的机会。

3. Ⅲ级干预——社会

随着未成年人的成长，其社交圈、生活圈都会相应扩大，最终都会与社会建立直接而紧密的联系。相对于家庭和学校，社会环境带来的各类网络信息更具复杂性，建立全面、系统的社会支持体系，在各个层面预防网络引发犯罪和帮扶存在罪错行为的未成年人回归正途是亟待解决的系统性工程。

公安、文旅、市场监督管理等部门应依据相应的权限和履职范围，对网吧、电竞酒店等具有上网功能的营业场所进行排查，检查是否具有非法接待未成年人上网的问题。教育、文化、新闻出版、网信部门等，应当对网络视频、网络游戏、网络文学等做好政治工作，消除其中不良因素。对于互联网企业，应加大普法宣传力度，引领观护未成年人的企业文化，促使企业自觉在未成年人打赏主播、游戏充值购买装备和皮肤、游戏成瘾等问题上增设保护关卡。注重引入社工力量的参与，通过政府购买服务等方式，发挥社工专业作用，对网络引发犯罪的未成年人进行社会调查、心理疏导和帮教回归等修复性工作，还可以通过志愿服务的方式，利用社工落实基层的特点，对地域内未成年人安全用网情况进行摸排，以协助相关部门做好危险性排除。还可以依托社会各方力量提升家校干预能力，强化妇联、团委、教育、司法机关、社区等部门的联动作用，加强家庭教育指导站建设。

4. Ⅳ级干预——司法

从某种意义上讲，未成年人是网络犯罪的最大受害者，也是一定程度的加害者。检察机关一方面要依法处罚网络犯罪的未成年人，深挖其犯罪动因，协调有关部门和组织开展必要的社会调查、心理干预、人格甄别、行为矫正、社会观护、技能培训等工作，并根据不同涉罪未成年人的犯罪情节、成长背景、性格特点，开展"订单式"的干预方案，以最适合的方式帮助其回归、转化；另一方面，从保护未成年人的角度，挖掘案件背后网络犯罪的起因，研判新的作案手法，切实保护未成年人合法权益。将大数据理念、方法充分运用到办案履职过程中，以信息网络安全为重要抓手，通过数据分析研究，未成年人网络犯罪危险性评估，尽力预测其未来参与网络犯罪的可能性，并采取相应干预措施；主动发现批量监督线索，更加精准发现类案背后的社会治理漏洞，依法履职，最大限度促进诉源治理和完善综合保护长效机制。

充分发挥检察机关公益诉讼的职能，在未成年人用网领域推动公益保护。从个案中获取线索，将线索交叉比对，形成具有普遍性的问题，发现侵犯未成年人公共利益的痛点和难点，以此通过制发磋商函、诉前检察建议等方式，督促相关部门对网络运营方、企业的违规行为进行整改，解决安全漏洞，倾力扫除未成年人安全用网的障碍，保障用网清朗空间。

# 猥亵未成年人违法与犯罪行为的界分问题研究

## ——以 X 地区办理的猥亵未成年人案件为例

王晶晶　张　红*

猥亵未成年人行为是属于行政违法还是刑事犯罪，因法律后果迥异，必须严格界分。在司法实践中，因法律、司法解释对于何种行为属于猥亵违法、何种行为属于猥亵犯罪并未作出明确规定，而必须由裁量者结合具体案情与相关情节予以准确判断，故而该问题也是司法实践中的重点、难点问题。本文将结合 X 地区部分猥亵未成年人案件为样本，尝试界分猥亵未成年人违法行为与犯罪行为，以期能形成相对稳定的判断标准，应对复杂的司法实践。

### 一、猥亵未成年人行为在《治安管理处罚法》与《刑法》适用上的困境

《现代汉语词典》对于“猥亵”定义为淫秽下流。司法实践中，通常的理解是，猥亵是指以刺激或者满足性欲为目的，采取性交以外的方式实施的淫秽行为。猥亵行为既可以发生在男女之间，也可以发生在同性之间。猥亵行为客观上包括抠摸、舌舔、吮吸、亲吻、搂抱、剥衣、露体、手淫、鸡奸等行为方式。

《治安管理处罚法》与《刑法》中对于“猥亵”均有规定。《治

* 王晶晶，江苏省徐州市人民检察院第八检察部副主任、一级检察官；张红，江苏省徐州市鼓楼区人民检察院第八检察部副主任、一级检察官。

安管理处罚法》第44条规定："猥亵他人的，或者在公共场所故意裸露身体，情节恶劣的，处五日以上十日以下拘留；猥亵智力残疾人、精神病人、不满十四周岁的人或者有其他严重情节的，处十日以上十五日以下拘留。"《刑法》第237条规定了刑事犯罪中的强制猥亵罪、猥亵儿童罪。《刑法》第237条规定，"以暴力、胁迫或者其他方法强制猥亵他人或者侮辱妇女的，处五年以下有期徒刑或者拘役。聚众或者在公共场所当众犯前款罪的，或者有其他恶劣情节的，处五年以上有期徒刑。猥亵儿童的，处五年以下有期徒刑；有下列情形之一的，处五年以上有期徒刑：（一）猥亵儿童多人或者多次的；（二）聚众猥亵儿童的，或者在公共场所当众猥亵儿童，情节恶劣的；（三）造成儿童伤害或者其他严重后果的；（四）猥亵手段恶劣或者有其他恶劣情节的"。

由于《治安管理处罚法》与《刑法》对于猥亵行为的认定缺乏相对确定的区分标准，导致司法机关在处理猥亵未成年人案件时，对于何种猥亵行为属于刑事犯罪处理范畴，何种情形属于治安处罚范畴，可能因为裁量者的不同认识而存在截然不同的判断结果。特别是对于一些对未成年人实施猥亵，但猥亵程度较轻的案件，如何准确判断罪与非罪存在一定的困难。而准确认定猥亵未成年人"违法"或者"犯罪"，不仅是"高质效办好每一个案件"的具体体现，也是对当事人合法权利的依法保护。

## 二、区分猥亵未成年人违法与犯罪应当遵循的法律原则

在区分猥亵未成年人行为是属于违法行为还是犯罪行为时，应当综合考察行为人法益侵害的程度和社会道德规范的背离程度，既要按照最高人民法院、最高人民检察院、公安部、司法部《关于办理性侵害未成年人刑事案件的意见》的规定，坚持依法从严惩处性侵害未成年人犯罪原则；也要遵循刑法的一般性原则，坚持罪责刑相适应及刑法的谦抑性，从严把握入罪、出罪标准。对于情节显著轻

微，危害不大的猥亵行为，不能一概纳入刑法规制范畴，为猥亵治安处罚预留空间，以确保案件定性符合大众认知。

（一）坚持依法从严惩处原则

未成年人是祖国的未来、民族的希望，党和国家历来高度重视未成年人保护工作。习近平总书记明确要求“对损害少年儿童权益、破坏少年儿童身心健康的言行，要坚决防止和依法打击”。[①]但近年来，未成年人遭受侵害尤其是遭受性侵害现象突出，给未成年人身心健康造成严重伤害。为更好地切实保障未成年人的合法权益，2023年6月1日施行的《关于办理性侵害未成年人刑事案件的意见》明确要求，办理性侵害未成年人刑事案件，应当坚持“依法从严惩处性侵害未成年人犯罪”。同时施行的最高人民法院、最高人民检察院《关于办理强奸、猥亵未成年人刑事案件适用法律若干问题的解释》也进一步明确了性侵害犯罪相关的入罪条件和从重、加重处罚情节认定标准，彰显了从严惩治的司法理念。

如X地区办理的黄某某猥亵儿童案。黄某某案发前系小学教师，利用职业便利在教室上课期间，采用以手触碰学生臀部、手拿串珠蹭胸部、伸进衣服触摸腋窝等方式对三名7岁学生实施猥亵。黄某某的猥亵行为虽然程度较轻，但其作为对儿童具有特殊职责的人员，在公共场所当众猥亵多名儿童，引发恶劣社会影响。法院在裁判时认为，为体现对儿童的特殊保护，对猥亵行为严重程度的判断，与针对妇女实施的强制猥亵行为相比，可以有所不同；针对儿童实施的猥亵行为，入罪标准的门槛可适当降低。最终法院判处黄某某有期徒刑，即体现了依法从严惩处的原则。

① 《少年儿童从小就要立志向、有梦想》（2013年5月29日），载《习近平论党的青年工作》，中央文献出版社2022年版，第26页。

### （二）坚持罪责刑相适应原则

罪责刑相适应原则，又称罪刑相当原则，是指“刑罚的轻重，应当与犯罪分子所犯罪行和应当承担的刑事责任相适应”。也就是根据罪行的轻重，决定刑罚的轻重，罪重的量刑则重，罪轻的量刑则轻。猥亵未成年人犯罪行为与一般猥亵未成年人违法行为之间的界限不够明确，但无论是违法层面的猥亵，还是犯罪层面的猥亵，都对儿童的身心健康造成侵害，而区别在于从量变衍生质变的法益侵害程度的高低。在处理此类案件时，更应把握猥亵行为的度，利用宽严相济的刑事政策指导司法实践。

前述黄某某猥亵儿童案中，黄某某在公共场所当众猥亵儿童，尚未达到法定刑升格“情节恶劣”的程度，但其猥亵儿童多人，依法应处5年以上有期徒刑。但综合评判黄某某的猥亵行为、手段、程度，判处5年以上有期徒刑显属失当，法院将“猥亵儿童多人”作为黄某某猥亵儿童的入罪情节考量，最终判处其5年有期徒刑以下刑罚，即是贯彻了“罪责刑相适应原则”。

### （三）坚持刑法的谦抑性原则

刑法的谦抑性问题一直都是法学界的关注焦点。张明楷教授曾对刑法的谦抑性做过较为详细的解读。谦抑性是指刑法应依据一定的规则控制处罚范围与处罚程度，即凡是适用其他法律足以抑制某种违法行为、足以保护合法权益时，就不要将其规定为犯罪；凡是适用较轻的制裁方法足以抑制某种犯罪行为、足以保护合法权益时，就不要规定较重的制裁方法。[①] 综上可知，刑法的谦抑性指的就是刑法应用过程中的迫不得已性。由于刑法在法律体系中的制裁措施最为严厉，只有当其他法律不足以抑制违法行为时，才能适用刑法，

① 张明楷：《论刑法的谦抑性》，载《法商研究（中南政法学院学报）》1995年第4期。

这就决定了必须适当控制刑法的处罚范围。

为了更好地理解和适用刑法的谦抑性原则，张明楷教授将刑事立法的标准概括为五个方面。一是具有严重社会危害性；二是只有动用刑法才能抑制这种行为；三是运用刑法处罚这种行为，不会导致禁止对社会有利的行为，不会使公民的自由受到很大的限制；四是对这种行为在刑法上能够进行客观的认定和公平处理；五是运用刑法处罚这种行为符合刑事责任的目的，即具有预防或抑制该行为的效果。①

外国的学者也很早就注意到了这个原则。早在 1807 年，意大利的法理学家贝卡利亚就提出了刑法的司法应当谦抑：在刑法处罚范围方面实现谦抑性的做法，主要是“非犯罪化”“只要刑法的恶果大于犯罪所带来的好处，刑罚就可以收到它的效果”“严峻的刑罚造成了这样一种局面：犯罪所面临的恶果越大，也就越敢规避刑罚”。在注重人权保障的今天，刑法的谦抑性对刑事立法和刑事司法具有重要意义。古老的法谚“刑罚与其严厉，不如缓和”，是有其道理的。②刑法所规定的刑罚方法在具有积极作用的同时，也具有消极作用，故必须适当控制刑法的处罚程度。有时轻缓的刑罚更容易消除犯罪人的戾气，更有利于社会的和谐稳定。

## 三、区分猥亵违法与犯罪应当着重考虑的因素

在司法实践中，对于一些猥亵未成年人但手段轻微的行为，因涉及到罪与非罪的处理问题，要审慎考虑是否构成刑事犯罪，准确区分猥亵未成年人的违法与犯罪。具体来说，可以着重考虑以下七个方面：

---

① 张明楷：《论刑法的谦抑性》，载《法商研究（中南政法学院学报）》1995 年第 4 期。

② 张明楷：《论刑法的谦抑性》，载《法商研究（中南政法学院学报）》1995 年第 4 期。

### （一）猥亵行为侵害的身体部位所代表的性象征意义的程度

一般来说，会阴部、胸部、臀部、唇部等部位具有较强的性象征意义，而手臂、头面部等部位代表的性象征意义则较弱。如果以强制的手段行为接触具有性象征意义的部位，则可能涉嫌犯罪，而接触的不具有性象征意义的部位，则可能构成一般的猥亵违法行为。故而所侵犯的身体部位所代表的性象征意义越强，可能具有的违法性程度则越高。

### （二）猥亵行为所采取的方式

应当考虑猥亵行为是否伴随暴力、胁迫或者其他强制手段。不同猥亵行为中强制的方式、强制的程度有所差别。以暴力、胁迫方式实施强制、使被害人屈从的，趁被害人酒醉、熟睡、患病、年幼等不能反抗、不知反抗之际或反抗意志薄弱、反抗手段受限之时趁机猥亵的，行为违背了被害人意志，严重侵害了被害人的性自主权，可以考虑认定为猥亵犯罪；而一般猥亵违法行为多以乘其不备、偷偷摸摸的方式实施，若使用轻微力量、以较为轻微的胁迫实施猥亵行为的，则应结合其他因素综合判定违法。一般来说，采用抠摸、舌舔、亲吻、搂抱等方式对他人性象征意义较强部位实施猥亵行为的，应当认定为犯罪；采用上述方式对他人性象征意义较弱部位实施猥亵行为的，认定犯罪时应当慎重。

### （三）猥亵行为的持续时间、侵害人数、猥亵次数、被害人年龄等因素

同样的猥亵行为，若持续时间较长，应认定行为人的侵害程度更深，社会危害性更大。猥亵次数、人数较多或者被害人年龄较小的，对猥亵时间、程度的要求可以适当降低。例如，偶尔一次的隔着衣物触摸被害人大腿、腋下的，一般可不认为是犯罪。但如果长时间、

多次对被害人的上述部位进行触摸的，则可结合其他因素考虑是否构成犯罪。

### （四）猥亵行为发生的场所

应考虑猥亵行为发生的场所是否属于公共场所，是否有其他人实际看到的可能性。一般认为，在公共场所实施猥亵行为对被害人的身心造成的伤害更严重，社会影响更恶劣。猥亵行为发生在公众性场合与发生在较为隐蔽的场所反映了行为人主观恶性的不同。同样的猥亵行为发生在上述两种不同的场所，可能导致不同的处理结果。比如在公交车、地铁等公共交通工具上搂抱、抚摸被害人的，即使时间短、猥亵部位性象征意味不强，但是因为可能被多人看到，使被害人羞辱感更为强烈，而且该行为还更深层次地妨害了社会风化和社会管理秩序，因而不法程度更高。

### （五）行为人是否具有特殊身份

同样的猥亵行为，由具有教师、医生等特定身份的人员实施，社会影响更恶劣，危害后果更严重。所以，一般认为，对于国家工作人员，对未成年人负有监护、收养、看护、教育、医疗职责的人员等具有特殊身份的人员实施猥亵行为的，行为性质更为恶劣，应予以严厉打击。

### （六）猥亵行为对他人身心伤害的程度

被害人被猥亵行为侵害后身心或多或少会受到一定的伤害，故而要注重考量猥亵他人后对方身心遭受伤害的程度，猥亵行为是否造成他人出现厌学辍学、心理异常、精神疾病甚至自伤、自残等行为表现。若有证据证实被害人在遭受猥亵后出现上述情况的，则行为人构成猥亵犯罪的可能性更大。

### （七）行为人的主观恶性程度

违法犯罪前科劣迹反映了行为人主观恶性的程度。应当结合行为人的日常表现、有无前科劣迹等因素来判断行为人的主观恶性。一般来说，具有性侵害违法犯罪前科或者劣迹的人员再次实施猥亵行为的，具有更深的主观恶性和强烈的社会危害性，应当从严惩处。

由于社会实践生活的纷繁复杂性，以上区分猥亵违法与犯罪应当考虑的因素仅仅是实践中在通常情况下的考量，无法囊括所有影响因素。在进行猥亵违法与犯罪的区分时，还要司法工作者在遵循依法从严惩处原则和罪责刑相适应原则、刑法的谦抑性原则的前提下，根据以上因素结合个案情况进行综合评判，使案件办理达到政治效果、法律效果和社会效果的统一。

# 未成年人盗窃犯罪综合治理实证探究

## ——以C县人民检察院司法实践为样本

王　娜*

随着经济社会的快速发展，未成年人盗窃犯罪呈现高发态势，并在一定程度上折射出社会治理的新难题。本文以C县人民检察院2022年至2024年6月办理的未成年人涉嫌盗窃案件信息为视角，对案件的基本特征、未成年人实施盗窃犯罪的新趋势、发案原因、防范和治理路径进行分析，从基层检察机关的视角就发现的社会治理问题提出对策建议，以期为综合治理提供有益参考。

## 一、案件基本特征

### （一）案件受理情况

近年来，C县人民检察院受理的未成年人实施盗窃犯罪案件呈快速上升趋势，目前已成为C县未成年人刑事犯罪中继聚众斗殴罪之后排名第二的罪名。2022年，C县人民检察院共受理审查起诉未成年人盗窃犯罪案件5件8人；2023年，受理审查起诉未成年人盗窃犯罪案件18件27人；2024年1—6月，受理审查起诉未成年人盗窃犯罪案件10件15人。2023年，该类案件未成年人犯罪人数增幅明

* 王娜，山东省菏泽市曹县人民检察院检察委员会委员、未成年人检察部门第三检察部主任、一级检察官。

显，2024 年 1—6 月未成年人盗窃犯罪人数持续高位态势。

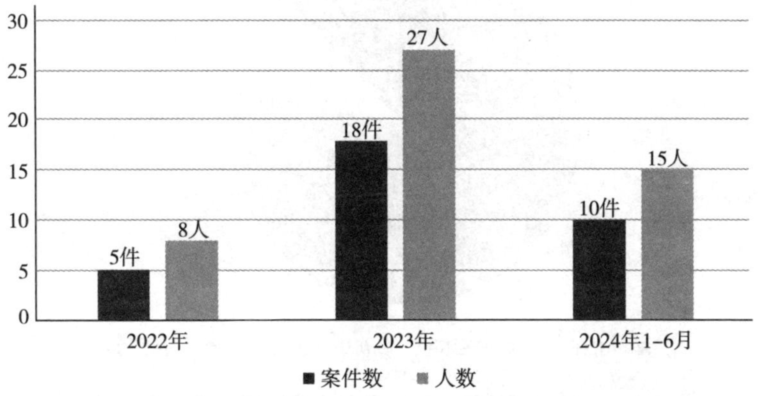


**图 1　2022 年至 2024 年 6 月 C 县检察院受理审查起诉未成年人盗窃案件情况**

（二）性别分布

2022 年至 2024 年 6 月，C 县检察院受理审查起诉未成年人涉嫌盗窃罪案件中，全部为男性作案。

（三）文化程度

2022 年至 2024 年 6 月，涉嫌盗窃罪的未成年人共 50 人，其中高中在读 6 人，占比 12%；中专在读 5 人，占比 10%；初中在读/毕业 37 人，占比 74%；小学学历 2 人，占比 4%。文化程度普遍不高，社会认知能力较差，对行为违法性认识不足。辍学人员均无正当职业，无固定收入和经济来源。

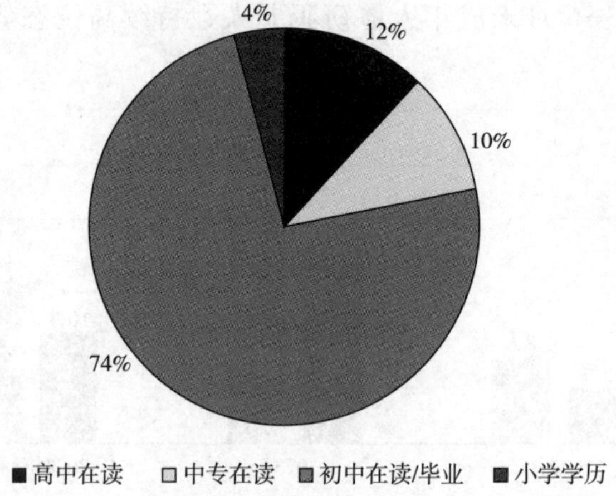


**图 2　2022 年至 2024 年 6 月 C 县检察院受理审查起诉未成年人盗窃案件中未成年人文化程度情况**

（四）再犯情况

涉案的 50 名未成年人中，26 人具有盗窃前科劣迹，占比 52%；5 人具有寻衅滋事、聚众斗殴劣迹，占比 10%。相当一部分未达到刑事责任年龄的未成年人“抓了放，放了再犯”，重操盗窃“旧业”，陷入恶性循环。

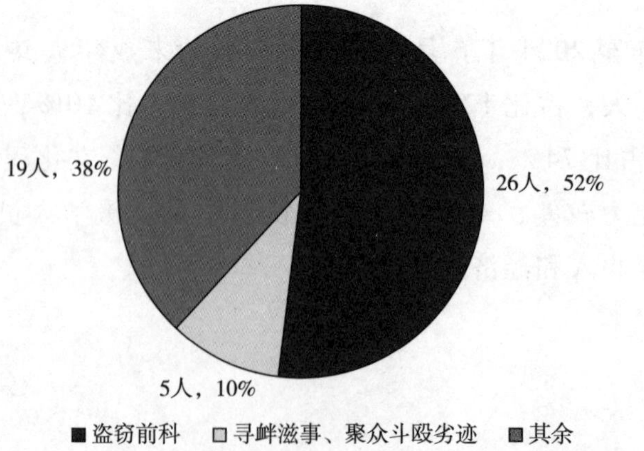


**图 3　2022 年至 2024 年 6 月 C 县检察院受理审查起诉未成年人盗窃案件中未成年人再犯情况**

## （五）涉案人员居住地

在2022年至2024年6月受理的50名实施盗窃犯罪的未成年人中，6人居住在城镇，占比12%；44人家住农村，但均因就学、短期务工或者在社会游荡而在城市暂时居住，占比88%。这44人中，从农村到城市读书的未成年人6人，占比13.64%；短期务工人员8人，占比18.18%；在社会游荡的无业人员30人，占比68.18%。

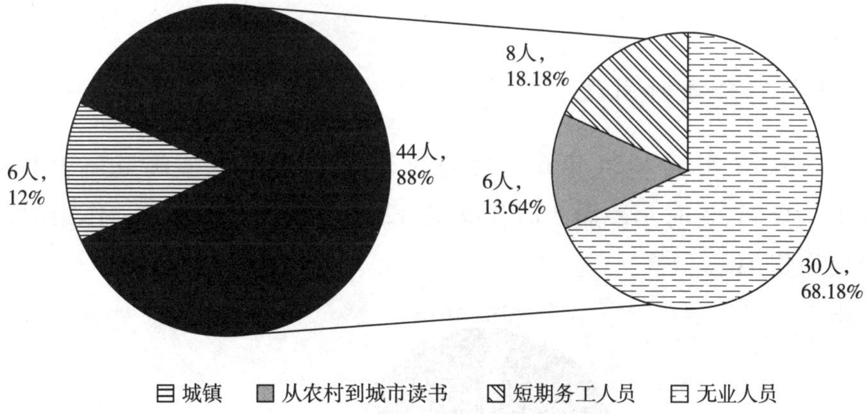


**图4　2022年至2024年6月C县检察院受理审查起诉未成年人盗窃案件中涉案人员居住地情况**

## （六）作案方式

2022年至2024年6月受理的33件未成年人实施盗窃犯罪案件中，其中8件为单人作案，占比24.24%；25件为结伙作案，占比75.76%。

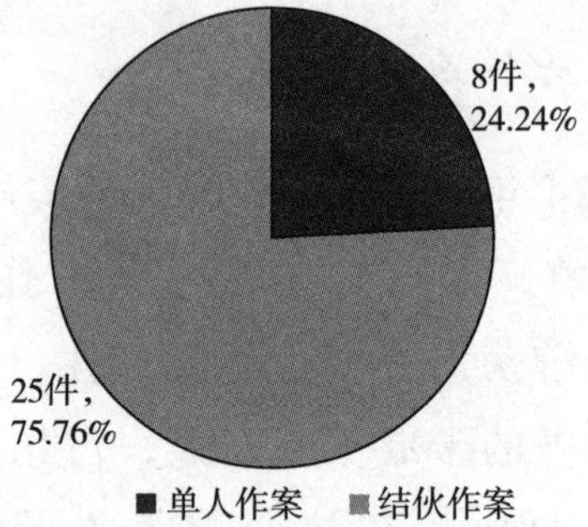


**图5　2022年至2024年6月C县检察院受理审查起诉未成年人盗窃案件中作案方式情况**

（七）作案时间段

在2022年至2024年6月受理的33件未成年人实施盗窃犯罪案件中，夜间23时至凌晨3时作案共32件，占比96.97%。作案时间段较为集中。

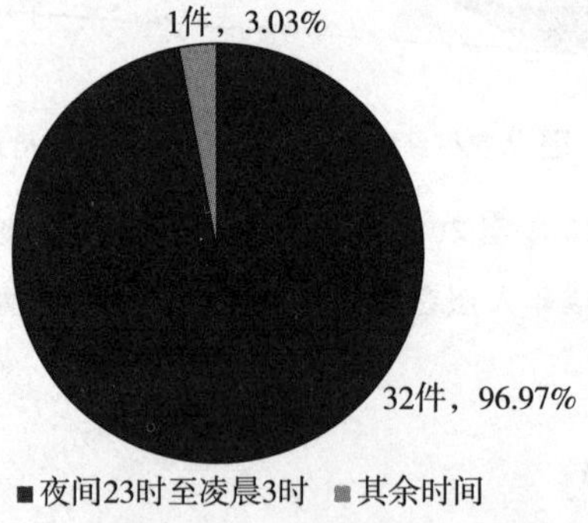


**图6　2022年至2024年6月C县检察院受理审查起诉未成年人盗窃案件中作案时间段分布情况**

（八）本地、流窜作案人数及起数

本地作案27件，涉及未成年人36人，案件数占比81.82%；流窜作案6件，涉及未成年人14人，案件数占比18.18%。未成年人多在有消费需求但经济上捉襟见肘时，临时起意实施盗窃。

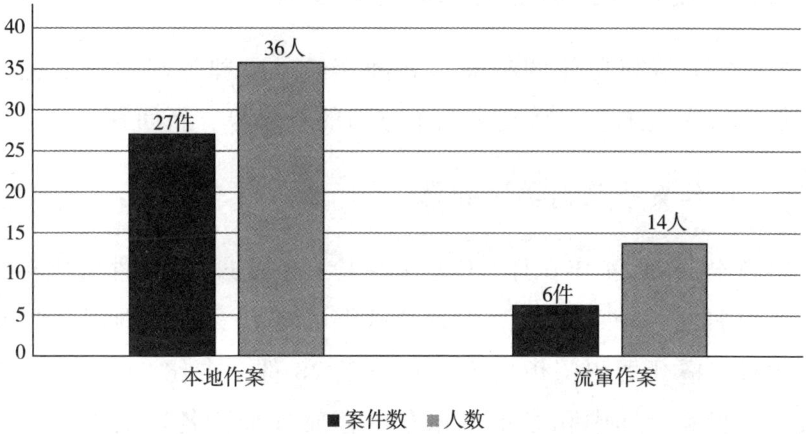


**图7　2022年至2024年6月C县检察院受理审查起诉未成年人盗窃案件中本地、流窜作案人数及起数情况**

（九）家庭结构及占比情况

2022年至2024年6月，受理的50名实施盗窃犯罪的未成年人中，留守及隔代抚养未成年人32人，占比64%；离异家庭和单亲家庭未成年人18人，占比36%。

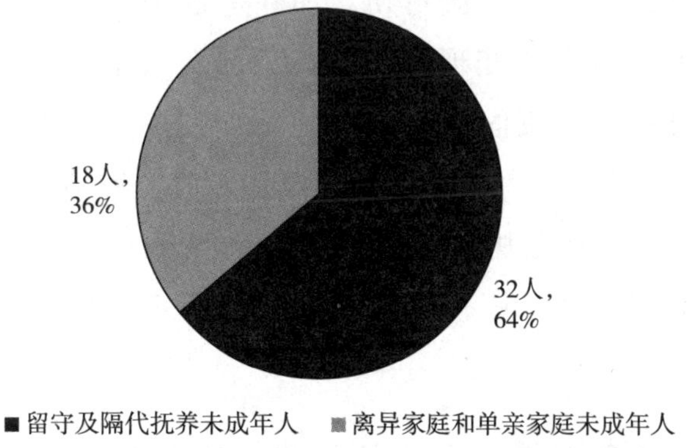


**图8　2022年至2024年6月C县检察院受理审查起诉未成年人盗窃案件所涉家庭结构及占比情况**

## 二、未成年人实施盗窃犯罪的新趋势

未成年人盗窃犯罪的犯罪形式随年龄、心理等因素的变化而变化。从司法实践来看，呈现出六个方面的新趋势、新问题。

### （一）作案手段简单、粗暴

2022年至2024年6月，C县人民检察院受理的33件未成年人实施盗窃犯罪案件中，采取“拆盲盒式”拉车门、“一脚踹开”储藏室、用撬杠撬开烟酒门市的方式作案的28件，占比84.85%，作案手段简单粗暴。其中私家车主在车内存放现金、名贵烟酒等物品为未成年人“碰运气”进行盗窃提供了便利条件，“拆盲盒式”拉车门盗窃的作案手段高达61.36%，成为未成年人实施盗窃的最主要作案方式。而“一脚踹开”储藏室、用撬杠撬开烟酒门市的作案方式引发人民群众很大的不安全感。

### （二）盗窃所得迅速消耗殆尽，用于高档娱乐场所消费或者购买大额商品

实施盗窃犯罪的未成年人侧重于短时间内的物质享受，当盗窃所得消耗殆尽后，会预谋再次行窃。如在一起盗窃案中，三名未成年人盗得名贵烟酒后迅速变现，并购买三部新型手机，在洗浴中心按摩消费，盗窃所得一夜间消耗殆尽。又如，在一起未成年人盗窃案中，未成年人在私家车中窃得现金9000元后，邀请两名朋友到邻县游玩、品尝美食、在名牌服装店消费，对两名朋友包吃包住，四天内盗窃所得消费一空，遂拉拢两名朋友准备再次行窃时被公安机关抓获。

### （三）未成年人群体之间口耳相传现象严重

在实施盗窃活动初期，几乎所有的未成年人，特别是未满16周

岁的未成年人一般都生活在恐惧、担忧中，唯恐暴露遭受家长、学校、法律的处罚。但在被公安机关行政拘留，但不送拘留所执行后，这部分未成年人发现，实施盗窃不仅操作简便，回报丰厚，而且法律无法制裁，家长、老师大多也只是“口头教育”一番而已，从而开始变得有恃无恐。特别是在具有较平时更高的消费能力后，主动或者经关系密切、年龄相仿的朋友、同学询问，透露其获取高消费能力的方式，使得这种犯罪行为在短时间内迅速传播。更有甚者，从抖音、快手等网络平台上看到未成年人“拉车门”“踹储藏室门”“撬烟酒门市”的报道，从而进行效仿。

（四）未达刑事责任年龄的未成年人实施盗窃犯罪的情况频发

在25起结伙盗窃案件中，未达刑事责任年龄的未成年人参与其中的案件多达12起，占比48%。这部分未成年人往往来自农村家庭，家庭监管能力有限，早早辍学后在城市游荡，在酒吧等娱乐场所充当“气氛组”，受“灯红酒绿”的诱惑和不良朋辈的蛊惑，遭受利诱而参与实施盗窃。例如，在一起未成年人盗窃案中，其父残疾，母亲务工，无暇顾及照顾孩子。该未成年人初中一年级辍学后即在社会游荡，后在酒吧充当“气氛组”，结交了有盗窃犯罪前科的曾某某，为获取物质享受，跟随曾某某多次盗窃，随着胆量的增大，后发展为单独实施盗窃。

（五）从社会闲散人员向在校学生蔓延

在以往受理的案件中，在校学生实施盗窃犯罪的人数比重较小。但现阶段，在校生占到一定比重。2022年至2024年6月，C县人民检察院受理的未成年人实施盗窃犯罪案件中，在校生12人，占比24%。其中高中在读5人，中专在读4人，初中在读3人。这部分未成年人“半脱离”父母监管，为满足谈恋爱购买礼物、更换新型手机、娱乐消费等需求，在校外人员的蛊惑下，更容易走上风险较低的“拉车门”盗窃的道路。这部分学生往往家长管不了，学校不敢管、不想管。

（六）部分达到刑事责任年龄的未成年人从“台前”转为“幕后”

在司法实践中，未成年人在初始阶段往往是亲自实施盗窃，但随着时间的推移，当达到刑事责任年龄后，唯恐受到刑法处罚，从自身直接实施盗窃行为演变为教唆他人作案或者传授犯罪方法，得手后参与分赃。例如，在一起盗窃案中，李某某有多次盗窃劣迹，在年满 16 周岁后，唯恐被判刑，但又迷恋于洗浴、按摩、酒吧等高消费娱乐场所，遂联系 14 周岁、15 周岁的两名同伙，根据自身经验，为二人选定“出货”颇丰的某小区，由二人实施盗窃行为，盗窃所得现金和物品则由三人分赃。

## 三、案件频发的原因

（一）对法律缺乏敬畏之心，存有侥幸心理、从众心理

实施盗窃行为的未成年人普遍文化程度较低，自我控制能力弱，不能正确认知实施盗窃行为的危害性。在面临经济困境，又无一技之长或者固定经济来源时，很容易走上盗窃的道路。部分未成年人明知实施盗窃行为触犯法律，但存有侥幸心理，认为深夜“拉车门”碰运气不容易被发觉，回报高，风险低，且操作快捷简单，或者认为其尚未达到刑事责任年龄，“法律管不了未成年人”，仅仅“口头教育”而已，代价微乎其微。当受到物质诱惑时，不惜跨越底线，明知故犯。此外，网络不良信息的诱导，导致未成年人产生“别的未成年人能干，我也能干”的想法。加之，部分未成年人较为固定的结伙盗窃，从心理上也减轻了对因盗窃行为可能遭受处罚的担忧。

### （二）家庭监护缺失，不能及时察觉未成年人的心理变化和行为动向

部分未成年人从农村到城市读书，食宿在学校，家长或在外务工、忙于生计，或在家照顾年幼的弟妹，抑或是离异、单亲、残疾、隔代抚养，无暇或者无力管教子女，将“管教”停留在口头催促上。如办理的一起盗窃案中，未成年犯罪嫌疑人的父母离异，其跟随父亲生活，后又跟随祖父共同生活。其父亲多次要求辍学后的李某某帮忙做生意，但其因父母感情不和而对父亲心生怨怼，拒绝父亲的要求，而选择与不良朋辈混迹于社会，不听从祖父管教，多次因盗窃被行政处罚。在讯问期间，其父亲拒绝到场，称管教不了，并要求对其予以重判，希望由国家进行管教，以防其闯下更大祸端。

### （三）学校忽视品德教育，存在监管漏洞

首先，对于“在籍在学”状态的未成年人，学校过分追求升学率，而忽视品格教育，一旦学生出现罪错行为，往往只通知家长管教，不能形成家校协作的合力。其次，对于“在籍不在学”，处于事实辍学状态的未成年人，学校不能及时劝返，进行针对性监管。大量未成年人辍学后没有正当职业，结交不良朋辈，长期游荡在社会边缘甚至灰色地带，走上违法犯罪的道路。最后，基于现阶段未成年人心理问题和行为问题高发，频频出现自杀、自残现象，为避免因管教而出现责任承担问题，老师和学校不同程度存在不愿管、不敢管的情况。

### （四）二手商品收购监管存在漏洞，销赃渠道畅通

办案中发现多家二手回收商铺在怀疑物品可能系盗窃所得的赃物后仍予以收购，且不进行收购物品和人员信息登记。如在办理的一起四人盗窃案中，四人在窃得 16 部手机后，前往邻县，分头找到 7

家二手手机店进行销赃，仅有 2 名手机店主拒绝收购，其他 5 名店主明知可能系盗窃所得的赃物，但因贪图便宜，仍予以收购。

### （五）政府主导力度不足，尚未形成完善的社会支持体系

一是大量已满 16 周岁的辍学未成年人成为待就业群体，因家庭经济困难或者其他客观原因，无法参加有偿性的技术培训，不掌握一技之长，无固定职业和经济收入，长期在社会上游荡，极易游走在违法犯罪的边缘。二是现阶段家庭教育指导师、心理咨询师等社会支持体系不完善，对罪错未成年人的家庭教育指导、心理健康等方面的干预缺乏专业性、系统性、长效性，不能实现实质化帮教，难以引导有罪错行为的未成年人回归正轨。三是未及时建立专门学校。根据《预防未成年人犯罪法》第 6 条的规定，专门教育是对有严重不良行为的未成年人进行教育和矫治的重要保护处分措施。县级以上地方人民政府应当成立专门教育指导委员会，根据需要合理设置专门学校。但从实际情况来看，多数县区未设置专门学校，或者专门学校的数量远远不能满足实际需求。

### （六）惩戒矫治乏力，未成年人实施盗窃行为有恃无恐

根据《公安机关办理行政案件程序规定》第 164 条的规定，已满 14 周岁不满 16 周岁的未成年人，依法应当给予行政拘留处罚的，应当作出处罚决定，但不送拘留所执行；已满 16 周岁不满 18 周岁的未成年人，初次违反治安管理或者其他公安行政管理的，依法应当给予行政拘留处罚的，应当作出处罚决定，但不送拘留所执行。但是，曾被收容教养、被行政拘留依法不执行行政拘留或者曾因实施扰乱公共秩序，妨害公共安全，侵犯人身权利、财产权利，妨害社会管理的行为被人民法院判决有罪的除外。可见，对未成年人盗窃行为行政处罚具有有限性，导致部分未成年人对实施盗窃行为不以为然，对行政处罚缺乏敬畏。2022 年至 2024 年 6 月，C 县人民检察

院受理的实施盗窃行为的50名未成年人中，具有盗窃前科劣迹的占比52%，也说明了一些涉罪未成年人的非刑事矫治措施空转，惩戒矫治效果不理想。

## 四、防范和治理路径

在未成年人实施盗窃行为呈现出新趋势的情况下，应当注重预防，通过多措并举、协同发力，开展综合治理，以形成预防、控制和打击的合力。

### （一）数字赋能，提升未成年人普法教育工作质效

一是整合数据资源，归纳分析实施盗窃行为的未成年人集中所在的乡镇、学校，找准监督重点，有针对性地开展普法教育。二是建立未成年人网络行为数据库，构建风险评估模型。收集和分析未成年人在网络上的行为数据，如搜索记录、浏览记录、聊天记录等，通过数据挖掘和分析，了解未成年人侵财类违法犯罪潜在风险信息。基于收集到的数据，构建风险评估模型，对未成年人的行为进行评估，当发现未成年人存在较高的侵财类违法犯罪风险时，及时采取干预措施，开展临界预防。三是筛查具有错误引导倾向的关于未成年人如何实施盗窃行为的网络宣传报道，避免诱导不特定的未成年人效仿。

### （二）强化家庭监护，构建家校协作机制

注重向未成年人的父母普及家庭教育知识，强调离异家庭、外出务工家庭依然要对未成年子女履行家庭监护职责。引导家长树立家庭教育主体责任意识，帮助未成年人树立正确的是非观、金钱观，戒除物质诱惑和贪欲心理。密切关注子女情感需求、物质需求和异常行为，一旦发现其有小偷小摸、结交不良朋辈等恶习，应当及时制止、引导和教育；日常生活中，采取符合未成年人心理特征的形

式与未成年子女沟通，同时与学校密切联络，防止未成年人受不法分子的诱导，走向违法犯罪的深渊。对于刚步入社会的未成年人，家长应当及时了解其生活动态、交往人员，帮助其过滤不良信息，引导其净化“朋友圈”，提高明辨是非的能力，恪守行为底线。

### （三）健全义务教育保障机制，常态化开展控辍保学工作

对义务教育阶段处于辍学状态或者事实辍学状态的学生坚持一人一策，跟踪管理，结合学生学籍档案、家访档案和成长档案中发现的问题，精准研判。针对发现的突出问题，建立台账，逐一梳理细化，列出学校和相关职能部门的任务清单和责任清单，细化控辍保学的工作措施、方法、步骤，从依法控辍、行政控辍、扶贫控辍、安全控辍、情感控辍等多方面依法保障适龄儿童、少年受教育的权利，最大限度劝返复学，确保未成年人在校园内渡过“成长危险期”。

### （四）强化社会治理，为未成年人营造健康的成长环境

一是强化校园周边治安管理。健全完善防范不法分子侵害校园安全常态化工作机制，强化校园人防、物防、技防建设，加强校园安全防护，防止在校学生结交校园周边社会不良青年。二是强化社区作用。社区方面与家庭建立常态化联系，加强对闲散青少年群体的日常关注和法治教育，发现可疑问题、不良苗头及时与家长沟通、及时报告、及时干预。三是强化部门监管合力。监督娱乐场所落实禁用未成年人规定，加强对营业性娱乐场所、文身场所、互联网上网服务营业场所、电竞酒店等行业违法违规接待未成年人的监督管理，行政主管单位、场所负责人、工作人员层层签订责任书，优化未成年人成长环境。

### （五）提高防范意识，切断销赃渠道

提高犯罪成本是降低犯罪概率的有效策略。通过提高犯罪成本，

以促使未成年人放弃实施犯罪。一是根据绝大多数盗窃行为发生在夜间23时至凌晨3时的特点，建议公安机关和小区物业加强夜间重点时段的巡逻、安防密度和强度。二是对小区业主、名贵烟酒经营者、私家车主等群体开展防盗法治宣传，使其提高警惕，增强防盗意识，压缩未成年人盗窃空间。三是对收购赃物的经营者加大法治宣传和打击力度，督促名烟名酒、手表、手机等贵重物品回收行业经营者履行收购物品登记义务，切断赃物变现渠道。

### （六）强化政府支持，健全社会支持体系

一是对已满16周岁的辍学未成年人强化职业技能培训。职业技能培训对于保障16周岁至18周岁的未成年就业群体具有合法经济来源，提高自身素质，预防走向违法犯罪道路具有重要意义。在培训过程中，未成年人可以发掘自己的兴趣和优势，找到适合自己的发展方向，掌握一技之长，降低违法犯罪的风险。与此同时，及时组织未成年人就业群体参加结业考试和技能鉴定，衔接落实培训工种的职业资格等级鉴定工作，改变未成年人就业群体就业条件差和缺乏合理职业规划的局限性，增强其自身“造血”功能，促进社会安定和谐。二是健全完善社会支持体系，提高临界预防和矫治帮教的专业化、系统化水平，为预防未成年人违法犯罪或者再次违法犯罪奠定基础。三是及时建立符合现阶段未成年人工作实际需求的专门学校。通过采取有针对性的矫治教育措施、专业的师资教导和科学的课程体系，致力于培养未成年人良好的品行，降低未成年人罪错行为发生率，使其更好地融入社会。

### （七）宽容不纵容，把依法惩治作为特殊形式的教育挽救措施

一方面，依法批捕、起诉主观恶性大、社会危害性大的未成年人。对引诱、指使、利用未成年人实施违法犯罪活动的，依法从重处罚。对利用未达到刑事责任年龄的未成年人、留守儿童、在校学

生实施盗窃的，以及通过向未成年人传授犯罪方法、教唆未成年人实施盗窃的，依法从严惩处。通过坚决依法惩治，既确保司法公正，也警示教育相关未成年人群体。另一方面，对未达刑事责任年龄的未成年人，加强矫治教育，公安机关、检察机关、司法社工、家长、学校等联合召开训诫会，参照法庭教育模式，阐明不追究其刑事责任的具体原因，宣布联合矫治教育决定，量身定制后续帮教方案，及时评估帮教效果，让其感受到法律的威严。

# 以共联理念优化新时期未成年人检察工作路径

## ——以浙江省湖州市未成年人检察实践为研析样本

王美鹏*

党的十八大以来，以习近平同志为核心的党中央高度重视未成年人保护工作，推动一系列包括未成年人检察在内的重大改革举措。新时代未检工作更要心怀“国之大者”，从党和国家事业发展全局的战略高度，以“预防就是保护，惩治也是挽救”理念为引领，以检察官不仅是公平正义的“守护者”，更是社会关系的“修复者”的工作定位，充分发挥未检工作贯穿未成年人司法保护全过程的独特优势，借势借力，精准补足短板弱项，提升未成年人犯罪预防及综合司法保护工作质效。

### 一、实践检视：深刻领会未检工作的内涵要求

近年来，伴随着经济社会发展内部条件和外部环境的深刻复杂变化，未成年人犯罪呈现新趋势新动向，未成年人检察面临新形势新任务。

总体来看，未成年人犯罪总体呈现上升趋势。2020 年至 2023 年，全国检察机关受理审查起诉的未成年人犯罪人数逐年上升，2023 年人数同比 2020 年增长 77%；检察机关起诉不满 16 周岁的未

---

* 王美鹏，浙江省湖州市人民检察院党组书记、检察长。

成年人犯罪从2020年的5259人上升至2023年的10063人，同比增长91%。从浙江省湖州市的具体情况来看，虽有别于全国未成年人犯罪人数持续走高的态势，在三年（2020—2022年）间呈小幅波动，但在2023年这一年呈现大幅增长，同比上升62.75%。

具体而言，涉未案件呈现诸多新趋势新特点，也暴露出家庭、学校、社会等深层次问题。以湖州地区为例，从犯罪形式看，未成年人共同犯罪的比例超过60%，流窜作案特征显著，利用低龄未成年人实施犯罪呈现组织化、职业化倾向。在湖州市某区，未成年人跨区域流窜作案占盗窃案件总数的82.2%；部分案件跨越多省域，江苏、浙江、安徽三省流窜作案占比超过95%；且背后有犯罪团伙从提供作案经费、盗窃工具、传授盗窃方法、联系销赃渠道等各方面为未成年人违法犯罪提供全方位“支持”。从犯罪场所看，2023年发生在宾馆、酒店的未成年人性侵案件占比高达1/3，部分地区超过50%，未成年人禁入场所监管不足、场所治理成效不显、新业态治理手段匮乏等问题暴露显现。从犯罪手段看，利用网络实施犯罪的数量不断上升。未成年人淫秽色情信息的隐性浸润、暴力恐怖信息的无知模仿，甚至在部分交友软件上发生“卖淫型性侵”。在湖州地区2024年办理的性侵未成年人犯罪案件中，有近50%以上案件与网络具有直接关联。从犯罪动机看，侵财类案件的发生，少数是因生活窘迫铤而走险，大部分则是价值观、金钱观出现偏差，亟须矫正引导。

就此而论，未成年人检察工作要实现案中有治，就必须与“时”俱进，审“势”相机，坚持问题导向，把握工作规律，牢固树立与形势任务相适应的先进工作理念。聚焦犯罪预防这一核心，既要把握好检察权行使的边界，又要在履职中注重涉未社会关系的修复、强化科学研判涉未局势，推动防范化解涉未风险，在遵循未成年人特殊司法规律的基础上，切实强化“三个善于”在个案中的实质运用，统筹发挥“四大检察”一体履职优势，深入融入“六大保护”

持续推进诉源治理。

## 二、理论供给："共联"理念与未检工作的精准耦合

在未成年人检察探索发展过程中，基本实现了两个维度的突破，其一是突破成人刑事司法，其二是突破"小司法"，在刑事领域外探索了民事、行政权益保护和涉未公益诉讼，内部形成职能共联、全流程监督的工作体系。在涉未"六大保护"工作体系中，司法保护是重要组成部分，检察保护则是司法保护中的一个重要环节，为此未成年人检察的探索发展既要有系统观念，也要有边界意识。在未成年人检察保护的语境下，"共联"不仅是物理上的连接，更是在价值、目标和愿景层面的深度融合，我们须在立足检察履职的基础上，积极融入参与未成年人保护工作，以检察保护促进司法保护，进而撬动"六大保护"。这与英国学者约翰·普拉特提出的未成年人司法"合作主义模式"有相似特点，即不再立足于国家与个人的二元关系考虑未成年人罪错行为的惩治教育，而是以国家和社会的关系为视角，将司法机关、政府部门、社会力量作为不分主次的协同治理主体，在各司其职、统筹配合的基础上共同致力于"最有利于未成年人"司法目的和价值的实现。

### （一）"共联"理念的内涵释义及特点分析

1. 内涵释义。具体包括：（1）内部协同。即在"四大检察"的法律监督格局下，打破职能壁垒，通过综合履职、信息共享、资源整合和工作协同，更好实现检察履职各个环节的统筹协调。（2）外部协作。重点以犯罪预防为目标，通过建立健全信息交流、线索移送、协调共治等机制，建立一个"有明确责任、非竞争性、有层级秩序及功能分化"的职能协调模式，共同推动风险防范和社会治理。（3）社会共治。延伸检察履职新触角，贴近基层建设人大代表联络站，通过开展检察公开听证、联席会议制度、人民监督员制度等，

多渠道挖掘法律监督线索来源，广泛听取社会各界的意见和建议，提升检察工作的透明度和公信力。（4）数据共享与智慧联通。即打破数据壁垒，在数字检察全面贯通、综合集成上下更大功夫，进一步推进检察数据与其他部门数据的互联互通，深化开拓富有体系性、规律性、创造性的数字路径，提高检察工作的科学性和精准性。

2. 特点分析。具体包括：（1）系统性。检察履职必须从未成年人犯罪预防及权益保护全局出发，统筹考虑检察内部工作与外部环境的关系，推动实现“六大保护”整体效能的最大化。（2）服务性。凝聚广泛社会支持体系的共联合作，有效应对未成年人犯罪及其他社会失序问题。（3）创新性。当前不少亟须重视并加以解决的问题和短板都与“联不上、联不紧”相关。因此需突破传统的思维定式和工作模式，以“共联”理念在与多元主体高质量的互融共促中进一步提升监督治理质效。

### （二）“共联”理念与未检工作价值导向的深度耦合

1. 以人民性为逻辑起点。坚持“行为人主义”，关注人的未来发展而不是已经过去的行为。行为人主义决定了未成年人检察工作需要在众多领域回应未成年人保护的新诉求，驱动未成年人检察理念中的人民性内涵不断丰富，在实践中表现为始终谨记惩罚不是司法办案的最终目的，更加关注行为矫治，让涉罪未成年人顺利回归社会，切实防范再犯。

2. 以全过程为显著特征。在涉未司法保护中，未成年人检察具有贯穿司法保护全过程的独特优势，在加强未成年人综合司法保护，促进“六大保护”形成合力层面具有天然的优势地位，也具更重责任。从纵向上，应以“捕诉监防教”一体履职为基础，结合未成年人罪错行为通常由轻到重、逐渐恶化的规律，助力构建罪错分级干预体系，突出抓早抓小，避免小错滑向大罪；在横向上，推进涉未“四大检察”业务集中统一办理，充分发挥检察监督的治理价值，既抓末端、治已病，又抓前端、治未病，同步推动涉未风险防范化解工作。

3. 以实效性为价值追求。如前所述，未成年人检察不仅关注"行为"，更要关注"行为人"。就未检工作的实效性而言，一方面须从"案件本体"上，以"三个善于"为路径方法，让每一起个案在实体上确保实现公平正义，在程序上让公平正义更好更快实现，在效果上让人民群众可感受、能感受、感受到公平正义，做到检察办案质效、效率、效果有机统一于公平正义；另一方面还须以人为基本单位，注重个别化处遇，综合运用刑事处罚、家庭监护、社会管理等针对性干预救助措施对涉罪人员实现精准帮教，对被侵害人落实精准保护。

## 三、现实困境：当前工作中的不足与反思

### （一）内部困境：业务集中统一办理、综合履职监督的体系不够健全

自2019年起，未成年人检察部门以集中统一办理为基础，逐步探索一体履职、全面保护、统分有序综合履职模式。但仍存在以下问题：其一，监督介入、回应具有滞后性。从犯罪预防和保护效果看，检察机关介入、回应、参与治理和防范的时间节点和环节存在滞后性，在线索挖掘上仍过渡依赖卷宗材料的静态、事后监督模式，与"既治已病，更抓前端""抓早、抓小、抓源头"治理需求之间还有差距。其二，监督履职缺乏全局性、系统性。更多局限于个案的挖掘，对类案数据的分析研判欠缺，缺乏对涉未成年人违法犯罪的整体性、规律性、苗头性预判与把握。其三，检察内部协同机制不够健全。检察机关内部各部门对未检的集中统一、综合履职模式的认识程度不够，在线索移送、协同配合、机制共建等方面存在脱节情形。囿于上述问题，当前未检在综合履职过程中一定范围存在监

督同质化、案件质效不高、刚性不足等问题，未能充分释放检察监督的治理效能。

### （二）外部困境：观念价值尚未形成共识，协同治理与现实需求存有较大差距

1. 在司法保护方面，部门发展不平衡，存有一定代际差。一方面，公检法之间以及各系统内部尚未达成统一共识。对未成年人司法制度适用存在差异，如对性侵害案件以被害人陈述为中心构建证据体系的证据审查方式、对拐卖亲生儿童的司法认定以及对侵害未成年人犯罪从严从重提出量刑建议的综合考量、精神损害赔偿支持起诉等，检法工作人员还存在认识分歧，影响打击力度和保护效果。又如部分司法工作人员囿于办理成人刑事案件的惯性和固化思维，对未成年人司法和综合保护的认识还停留在浅表的规定层面，开展综合司法保护缺乏统筹性、协同性。另一方面，少年警务、未成年人检察、少年审判工作三者之间发展不协同。受公检法在专门机构设置和人员配置不同步的制约和影响，一定范围内存在队伍建设滞后、专业化不足、职能机制不健全等问题，且三家在部门、职能等要素之间缺乏对应性，出现办案和综合保护工作缺乏协同性的现实困局。

2. 其他五大保护方面，统筹融合不够充分。一是未成年人保护工作整体推进乏力。组织、协调工作顶层设计的调整和变化，暂未跟进相应细化、具体的机制建设，无法为各职能部门开展保护工作提供必要的制度供给，目前各职能部门之间保护工作仍然一定程度存在交叉重叠或空白脱节。二是尚未构建与犯罪预防需求相配套的社会支持体系。自 2018 年以来，检察机关与共青团组织启动合作推进社会支持体系，为整个未成年人司法社会支持体系建设积累了经验，但推进过程中司法社工、心理咨询师等人力资源匮乏、专业化程度较低，保障资金依赖于政府拨款等制约因素逐步显现。新“两

法”语境下，原社会支持体系已不足以为新时代未成年人司法有效运行提供行之有效的社会保障，亟待搭建与之相配套的新型社会支持体系和治理平台，在未成年人犯罪预防和权益保护方面建立系统性、溯源式的协同治理工作机制。

## 四、路径优化：“共联”理念在未成年人检察工作中的制度性嵌入

### （一）向内共联：优化一体履职、综合履职工作机制

未成年人检察一体、综合履职机制的创新发展，应始终贯穿“共联”理念的基本逻辑，即强调以“共同”的司法目标为引领，优化职能、资源的“联动”配置，从而实现“上下统一、横向协作、内部整合、总体统筹”的改革目标。

1. 创新优化综合履职模式，最大化释放“四大检察”整体效能。未成年人检察的综合履职不是“四大检察”的简单叠加，更要通过检察机关内部的衔接联动，在连点成线、拉线成面、叠面成体中对法律实施形成多层次、全方位的监督。一是以“要素共联”为基础，完善综合履职系统审查制度，从一案一事推动源头治理。要切实提高涉未成年人个案调查、审查工作的系统性、规范性、专业性，从个案中发现影响和制约未成年人健康成长的代表性、普遍性问题以及治理难题，从而提升犯罪预防的成效。协同构建以涉未成年人“六大保护”关联要素为中心的证据体系，为涉未民事、行政、公共利益损害问题的线索发现、证据互通等提供更实支撑。如湖州未检通过上线“数字未检 2.0”智能辅助办案模块，完善案件背后高频高危要素的算法规则，实现类案风险自动预警，助力生成涉未“四大检察”案源线索，提升未成年人综合履职的针对性与时效性。二是以“职能共联”为核心，推行内部协作融合机制，从职能聚合提升

工作效能。健全全面均衡又深度融合的内部协作机制，让监督视野连片成网，监督效果辐射贯通。如湖州市院创新联合羁押观护工作模式，驻看守所检察室会同市看守所共同出台《关于未成年人羁押关护联动机制的工作方案》，在加强羁押观护的同时，通过教育感化引导以及监内人力情报的合力并行，深挖涉未综合履职问题线索，同步强化防范合力。又如，长兴县院开展在押人员未成年子女关护专项行动，践行“在未成年人健康成长道路上，一个都不能少”的理念，全方位加强对特殊未成年人群体的保护救助。

2. 放大纵向一体履职优势，整体落实办案、监督、治理与保护。检察一体化是检察机关运行的内在规律决定的，优化检察业务一体化，核心是设区县的市级院作为上下一体化法律监督体系的关键枢纽要“强起来”。一是品牌建设与业务推进的共联共谋。从本质上讲，未检品牌建设和未检工作本质上是一体两面，打造一流、具有现代化水平的未检工作是品牌的内核，而品牌是有效的载体和抓手。湖州地区在推进品牌建设过程中，坚持市院统筹规划、一体推进，把牢品牌定位和品质基准；通过设置引领性工作评价指标等方式加强引导，避免出现重复建设等浪费资源的现象；促动各县区依托辖区特色资源禀赋，在办案机制的创新、社会支持体系的特色构建、提升犯罪预防针对性等方面，各美其美，各展所长。二是业务指导与推广延伸的共联共进。为实现业务指导的有序开展和指导结果的有效运用，一方面要加强业务指导一体化，立足个案和类案指导，帮助基层院更好落实党的路线、方针、政策，更准确地适用法律；针对辖区内认识有分歧、法律适用不统一等问题，及时提请上级院指导后，统一思想认识，提升办案质量。另一方面要加强推广延伸一体化，对于基层实践凝结的创新机制，在持续跟进、科学评估的基础上，加大资源倾斜，及时协同推广，提升运用成效。

3. 加强依法履职建设，最大化发挥检察监督的治理价值。未成年人检察依法履行法律监督职能，努力实现“抓前端、治未病”，要主动把控未成年人违法犯罪风险的演进态势、提升防范化解涉未成年人犯罪风险的能力与水平。一是在趋势研判中究问题、寻对策。在办理案件的同时，注重涉未成年人违法犯罪的整体性、趋势性、苗头性问题分析，注重透视未成年人犯罪规律和背后成因。如针对涉未成年人流动盗窃、团伙式盗窃犯罪爆发式增长的态势、涉未成年人犯罪预防与网络风险防范之间关联性问题等亟须强化调研和分析，提出针对性治理建议。二是在共促共推中建制度强治理。要从“小切口”破题，围绕案件中集中反映的未成年人文身、入住电竞酒店、网约房、违法租车、网红“减肥药”监管等问题，推动出台关联行业监管制度，融入和参与涉未成年人风险防范体系建设。如湖州在全市范围内开展“未成年人文身治理”“不适宜未成年人进入场所”两个专项活动时，推动市委宣传部（新闻出版局）等主管部门出台《关于加强“私人影院”等经营场所规范管理的规定》，联合市教育局等9家单位会签《关于建立涉未成年人常见新业态管控治理联席机制的通知》，建立定期通报、即时会商、联席会议机制等。

### （二）向外共联：以全局性视野凝聚“六大保护”合力

未成年人保护“两法”明确了未成年人保护不是依靠单个司法机关或者其他单一主体来实施，而是需要多元主体的参与和协作，包括司法保护、政府保护、家庭保护、学校保护、社会保护与网络保护。这也正是未成年人检察向外“共联”的基本逻辑，即立足检察履职，以检察保护促司法保护，进而融入撬动“六大保护”。

1. 司法共联。一是以共联共建促办案理念和保护标准的统一。司法机关办案人员的办案理念是否统一，保护标准是否一致，对改善与预防未成年人犯罪、防控涉未成年人侵害风险具有不可忽视的作用。检察机关应切实发挥检察监督的推动引领作用，助力形成统一执法司法标准；通过专业教育、同堂培训等方式，共同提升涉未成年人司法保护能力；推动司法机关从更高的政治站位看待涉未成年人犯罪预防问题，推动“被害人陈述为中心”等体系制度构建；既在刑事案件办理领域形成统一司法标准，也在未成年人权益保护领域形成统一保护合力；既关注新问题的解决和新业态的治理，也聚力解决长期存在于犯罪预防、犯罪治理领域的顽疾。二是形成司法机关内部联动工作机制。与公安、法院、司法行政机关等形成衔接联动机制，围绕未成年人犯罪预防、综合保护、风险防控、社会治理领域的突出问题，建立发现报告、问题研讨、联动化解、工作会商、信息互通等制度，在司法机关之间构建符合落实全方位司法保护要求的协同联动工作机制。

2. 府检共联。一方面，未成年人特殊保护制度落实亟须强化司法、行政措施的集成适用，以实现司法与政府的闭环保护。如在湖州地区推进的未成年被害人办案救助“一件事改革”中，除公安、法院等司法机关外，还联动整合了卫生健康委、民政、教育等多个政府部门，系统落实综合救助与保护协同；又如在未成年人检察社会支持体系建设中，往往政府主导的才具有长效性与专业性。另一方面，现实层面涉未关联风险的系统防范，也须强化司法、行政的协同共联，以实现相互衔接的治理闭环。如当前构建的罪错分级干预体系中，就不能仅局限于检察、公安、法院等司法部门，应严格遵守未成年人罪错行为发生、发展规律，从突出干预早期不良行为、规范矫治严重不良行为、加强预防重新犯罪力度、加强未成年人成长环境治理四个维度构建涉未矫治和防范的闭环体系，助力政府落细落实未成年人保护共同责任，全面营造护航青少年儿童健康成长的良好环境。

3. 检群共联。未成年人保护是复杂庞大的社会系统工程，仅检察环节的涉未案件办理就涉及帮教矫治、家庭教育指导、复学复业、心理援助等，牵涉力量多，专业要求强。构建检察机关与群团组织共联共建协作工作机制，能借以协调各方力量，实现专业化办案和社会化服务的有机衔接。如湖州检察机关与当地妇联共建的“家庭教育指导”公益专项，通过共联协作引入专业团队，推动实现涉案未成年人家庭教育指导全覆盖，并探索与未成年人罪错行为分级干预相匹配的分级家庭教育指导，消除犯罪防治中的“家庭症结”。又如在湖州地区检群共联中启动的“守护花蕾—被害女童关怀服务”公益项目，即以性侵案件中的未成年被害人为对象，以更加精准、更加系统的服务，帮助被害女童解决生活、学习、心理康复等各方面的困难，最大化减少二次伤害，系统防范因案致困。

4. 检校共联。基于涉未“四大检察”的职责要求，检校双方协作共建能够形成检校共治合力，是“法治副校长”实职化履职的工作要求。如湖州检察机关在浙江信息工程学校探索设置“共联检察”工作站点，科学设置校园普法、问题诉求、线索移送、综合履职、协同治理等工作模块，立足监督职能，配合学校开展校园环境综合整治，推动落实“一号检察建议”，促进完善校园风险防治工作机制，共建职业院校在校学生犯罪数成功“归零”。与此同时，检察机关与高校法学教育、法学研究工作者之间深化合作，也是推动法学理论与司法实践相结合、法学教育与司法实践相互动的重要途径。如湖州市检察机关从“南浔实验”到与北京师范大学制定完善推出再犯风险六维评估机制，均为优化未成年人检察创新发展提供了坚实理论支撑。

# 典型案例

# 董某某猥亵儿童案

## 【关键词】

立案监督　猥亵儿童罪　儿童言词证据采信　当众　依法抗诉

## 【要旨】

检察机关在工作中掌握性侵害未成年人线索后，及时移送公安机关，跟进监督确保案件快速侦办。在审查性侵未成年人犯罪案件时，结合未成年人身心特点，准确把握证据审查判断标准，精准指控犯罪，正确适用法律。对提出抗诉的案件，开展自行补充侦查进一步补强证据，支持抗诉意见，通过三级检察机关接续抗诉，坚决纠正错误裁判，有力维护司法公正。

## 【基本案情】

被告人董某某，男，初中文化。

被害人 A（女，9 周岁）、被害人 B（女，10 周岁）、被害人 C（女，10 周岁）、被害人 D（女，10 周岁）、被害人 E（女，11 周岁）；被害人 F（女，10 周岁）；被害人 G（女，8 周岁）；被害人 H（女，10 周岁），上述 8 名被害人均为贵州省某县当地小学在校学生。

2020 年 12 月 15 日 7 时许，被害人 A 独自走到某县供电局路段时，被告人董某某趁 A 不备亲吻其嘴唇，A 因受到惊吓害怕，哭着跑到学校将其在上学路上被人亲吻的事告诉学校保安和老师。2020

年 7 月至 12 月，被告人董某某多次在贵州省某县多所学校附近路段，故意裸露其生殖器，当着路过的被害人 B、C、D、E、F、G、H 等 7 名女学生进行自慰。

【检察机关履职过程】

某县检察院检察官在开展法治进校园活动中，接到反映学校周边有男子公开对学生裸露下体后，立即将该线索向公安机关反馈。某县公安局经调查，锁定该男子为董某某，该局认为其行为情节轻微，达不到刑事立案标准，遂对其处以行政处罚，某县检察院经审查认为其行为已涉嫌刑事犯罪，先后向县公安局发出《不立案理由说明书》《立案通知书》，该局对董某某涉嫌猥亵儿童案立案侦查，于 2022 年 4 月 22 日移送审查起诉。

2022 年 10 月 21 日，某县检察院以被告人董某某犯猥亵儿童罪对其提起公诉。2023 年 1 月 13 日，县人民法院认为指控董某某构成猥亵儿童罪的证据不足，但其多次在校园周边、上放学路段裸露隐私部位及恐吓未成年人，破坏社会秩序并造成恶劣社会影响，故以寻衅滋事罪判处其有期徒刑 1 年 11 个月。

2023 年 1 月 19 日，某县检察院向黔南州中级人民法院提出抗诉。2023 年 3 月 3 日，黔南州检察院支持抗诉。

2023 年 5 月 6 日，黔南州中级人民法院经审理，认为董某某的行为具有“隔空”性，对象具有不确定性，其亲吻 A 嘴巴的事实仅有被害人陈述，无其他证据佐证，裁定驳回抗诉，维持原判。

2023 年 6 月 16 日，黔南州检察院提请贵州省检察院抗诉，贵州省检察院经审查，认为原审裁判确有错误，于 2023 年 9 月 27 日依照审判监督程序向贵州省高级人民法院提出抗诉。

检察机关抗诉理由如下：1. 本案案发自然，被害人 A 被猥亵后第一时间将相关情况告知学校老师、保安等人，其陈述合乎情理、逻辑，对细节的描述符合其认知和表达能力，且有其他证据予以印证，被告人董某某多次供述前后矛盾，其辩解缺乏证据支持，结合双方关系不存在诬告和第三因素介入的可能，应当采纳A的陈述。且除A的陈述外，另有书证、证人证言、辨认笔录及照片等佐证，足以认定董某某以亲吻嘴巴的方式猥亵A的事实。2. 董某某以满足性刺激为目的，先通过提前观看手机淫秽视频激发性欲，后又当面向女童暴露身体并作出不雅动作，且在一定时间内多次实施上述行为，结合其亲吻女童A的事实，其行为在视觉上、身体上对儿童造成冲击，严重侵害儿童人格尊严和心理健康，符合猥亵儿童罪的构成特征。3. 董某某应认定为在“公共场所当众”猥亵儿童，情节恶劣，依法应处5年以上有期徒刑，原审判决以董某某犯寻衅滋事罪判处有期徒刑1年11个月，认定事实错误、定性错误，适用法律错误，导致量刑明显不当。

2023年11月14日，贵州省高级人民法院启动再审程序，指令黔南州中级人民法院另行组成合议庭重新审理本案。

再审阶段，检察机关自行补充调取部分证据：一是数名涉案学校老师及校园周边商铺老板证言，证实2020年左右有男子对女学生裸露下体，在当地造成不良社会影响；二是涉案学校周边环境视频资料，证实董某某作案地点为上学、放学途经路段，期间人流量较大。

## 【抗诉改判结果】

2024年4月2日，黔南州中级人民法院经审理，采纳检察机关抗诉意见，作出终审判决，认定董某某犯猥亵儿童罪，判处有期徒刑5年。

## 【典型意义】

本案中，检察机关坚持“高质效办好每一个案件”的目标追求，充分行使诉讼监督职能，以“零容忍”态度严厉惩治性侵未成年人犯罪，通过三级联动、接续抗诉，着力纠正有罪不究、以罚代刑、重罪轻判问题，充分彰显法律公正与权威，具有类案借鉴意义。

（一）强化立案监督，防止有罪不究

猥亵行为既可能成立行政违法，也可能构成刑事犯罪，对于情节严重的，应当以猥亵儿童罪追究刑事责任。鉴于儿童对性常识的认知有限、自我保护的意识和能力较弱，为体现对未成年人的特殊保护，办案机关应结合案情，从以下几个方面把握区分猥亵类犯罪与违法行为：一是行为手段及触碰部位的敏感性；二是行为持续时间长短、是否多次实施；三是侵害对象特征，如年龄、人数、是否存在依附关系等；四是行为人主观恶性、人身危险性及其行为后果的严重程度。本案中，检察机关向公安机关迅速移送违法犯罪线索，对认为已涉嫌犯罪但公安机关未依法处理的，及时启动监督立案程序，督促立案查处，为后续案件侦办和精准指控犯罪奠定基础。

（二）准确把握猥亵儿童罪本质特征，推动解决司法机关对“非接触式”猥亵的认识分歧

根据《刑法》第 237 条规定，猥亵儿童罪并不要求以暴力、胁迫或者其他方法强制进行。刑法没有对猥亵儿童的具体方式作出列举，需要根据实际情况进行判断和认定。被告人董某某实施猥亵的主观目的是为满足性刺激，猥亵的时间、地点及作案对象均具有特定性，这与寻衅滋事罪存在明显差别，其行为符合猥亵儿童罪的犯罪特征。即便多数猥亵行为没有实际接触儿童身体，但其主观上以满足性刺激为目的，客观上实施了猥亵儿童的行为，给特定儿童人格尊严和身心健康造成严重侵害，已具有与直接接触被害儿童身体的猥亵行为相同的性质和社会危害性，应当认定构成猥亵儿童罪。检察机关准确认定犯罪事实和适用法律，依法抗诉纠正错误裁判，明晰了这类行为的界定标准。

### （三）准确把握性侵未成年人案件证据审查判断标准，有力打击犯罪

性侵害未成年人案件具有犯罪隐蔽性较强，客观证据、直接证据少，被告人往往不认罪等特点。对该类案件证据尤其儿童言词证据的审查，应按照有别于成年人的标准予以判断，着重分析其对事情经过的陈述是否符合身心特点，如其陈述稳定自然，对于细节的描述符合正常记忆认知、表达能力，并且是经过合法程序收集，陈述内容与其他证据能够形成完整证明体系的，应当认定其陈述具有证据资格和证明力；同时，检察机关应加强抗诉案件间接证据的收集与审查运用，对事实认定、法律适用存有争议的抗诉案件，在被害人陈述和被告人供述“一对一”情况下，通过自行补充侦查等方式补强证据，激发间接证据对案件事实的印证作用，完善证据链条，确保抗得准、抗得赢。

### （四）准确适用“公共场所当众”猥亵儿童的规定，避免罪刑失衡

被告人董某某实施猥亵的地点都位于校园周边，场所具有相对公开性，且正值上学放学时段，不特定未成年人及家长活动频繁，部分行为有 3 个以上女学生同时看见，即使在场人员未实际看到，也有被他人感知的可能，根据《刑法》第 237 条的规定，董某某可以认定为在公共场所当众猥亵儿童，原判量刑明显违反罪刑相适应，案件抗诉后被告人被改判加重刑罚，对类似案件处理具有借鉴意义。

# 指导性案例

# 最高人民法院关于发布第40批指导性案例的通知

法〔2024〕112号

各省、自治区、直辖市高级人民法院，解放军军事法院，新疆维吾尔自治区高级人民法院生产建设兵团分院：

经最高人民法院审判委员会讨论决定，现将江某某正当防卫案等五个案例（指导性案例225—229号），作为第40批指导性案例发布，供审判类似案件时参照。

最高人民法院

2024年5月30日

# 江某某正当防卫案

（指导性案例225号）

## 【关键词】

刑事　正当防卫　未成年人　学生霸凌　防卫意图　防卫限度

## 【裁判要点】

1. 对于因学生霸凌引发的防卫行为与相互斗殴的界分，应当坚持主客观相统一原则，通过综合考量案发起因、是否为主要过错方、是否纠集他人参与打斗等情节，结合同年龄段未成年人在类似情境下的可能反应，准确判断行为人的主观意图和行为性质。不能仅因行为人面对霸凌时不甘示弱、使用工具反击等情节，就影响对其防卫意图的认定。

2. 对于防卫是否“明显超过必要限度”，应当立足防卫时的具体情境，从同年龄段未成年人一般认知的角度，综合学生霸凌中不法侵害的性质、手段、强度、危害后果和防卫的时机、手段、强度、损害后果等情节，考虑双方力量对比，作出合理判断。

## 【基本案情】

被告人江某某（系化名，时年14周岁）系湖南省某中学初中二年级学生。因江某某在春游时与同班某女同学聊天，同级邻班同学胡某认为江某某招惹其女朋友，要求江某某买烟赔礼道歉，否则就打江某某。之后江某某给胡某买了一包香烟，但胡某嫌烟不好不要，遂产生殴打江某某的意图。

2019 年 5 月 17 日上午早读课前，与被告人江某某不和的同班同学孙某某，伙同他人借故把江某某喊到厕所，扬言要殴打江某某。江某某有不甘示弱的言语回应（案发后其解释系找借口拖延，打算放学时跑掉）。当日早读下课后，江某某在上厕所时，孙某某、胡某等人又拉扯江某某，并踢了其一脚。后因上课时间到了，各自散去。第二节课下课后，孙某某邀约同学张某某、胡某等人帮忙殴打江某某，并向张某某指认正在厕所内的江某某。

午饭后，孙某某又邀约被害人陈某甲、陈某乙、吴某等帮忙殴打江某某。随后，孙某某等 7 人前往教室寻找被告人江某某，其他 8 人在厕所里等候。江某某拒绝前往，孙某某称若不去将强行带走，江某某被迫跟随前往，并将同学用于开药瓶的多功能折叠刀（非管制刀具，刃长约 4.5 厘米）藏在右手衣袖内。到达厕所后，孙某某、胡某、张某某及被害人陈某甲、陈某乙、吴某等 15 人把江某某围住。陈某甲上前扼勒江某某的颈部，把江某某摔倒在地后，骑坐在其身上殴打，孙某某、胡某、张某某等人一拥而上进行踢打。在受到群殴之后，江某某掏出折叠刀乱挥，捅伤陈某甲腰背部，划伤吴某大腿。殴打持续约一分钟后，众人散开。江某某从地上爬了起来，背靠厕所蹲坑的矮墙坐在地上，站在江某某背后的陈某乙对其掌掴，江某某遂转身用折叠刀向陈某乙腹部捅刺一刀，张某某等人再次殴打江某某后离开。后陈某甲、陈某乙、吴某被送至学校医务室治疗。经鉴定，陈某甲、陈某乙的损伤程度为重伤二级，吴某的损伤程度为轻微伤。同年 8 月 7 日，江某某向公安机关投案。

湖南省吉首市人民检察院指控被告人江某某犯故意伤害罪，向湖南省吉首市人民法院提起公诉。被告人江某某及其辩护人认为：江某某在遭受学生霸凌时，实施防卫行为对不法侵害人造成损害，属于正当防卫，依法不负刑事责任。

【裁判结果】

湖南省吉首市人民法院于 2020 年 7 月 6 日作出刑事判决，认定被告人江某某的行为构成正当防卫，宣告江某某无罪。宣判后，湖南省吉首市人民检察院提出抗诉。二审期间，湖南省湘西土家族苗族自治州人民检察院申请撤回抗诉。湖南省湘西土家族苗族自治州中级人民法院于 2022 年 11 月 9 日作出刑事裁定，准许撤回抗诉。

【裁判理由】

被告人江某某因遭受多名学生霸凌而携带折叠刀被迫前往现场，在面临多人殴打时持刀反击，综合全案情节，应当认定其行为构成正当防卫，不负刑事责任。

首先，江某某在遭受学生霸凌时被迫反击，具有防卫意图。面对孙某某等人的霸凌，江某某明显处于被迫状态。此外，江某某面对孙某某等人的霸凌，虽曾有不甘示弱的言语，但不能以此认定江某某主动挑起争端。考虑未成年人身心特点，结合江某某所处具体情境，不能仅以江某某个别言语就认定其有斗殴故意，进而否定其具有防卫意图。

其次，江某某在被殴打时实施防卫，符合正当防卫的时间条件。江某某两次持刀反击，均处于不法侵害现实发生的时间段内：（1）面对 15 人的包围，被对方勒颈摔倒在地，并遭到群殴，不法侵害已现实发生。（2）江某某倒地并被群殴持续约一分钟后，群殴行为虽然暂时停止，但是仍被对方从背后袭击掌掴，不法侵害显然仍在进行之中，并未结束。总之，江某某在被群殴、被群殴倒地仍遭对方掌掴的情况下，借助工具防卫反击时，不法侵害正在进行，符合正当防卫的时间条件。

最后，江某某因被殴打持刀防卫，没有明显超过必要限度。江某某系在被殴打的情况下被迫实施防卫，虽然不法侵害人未使用工具，江某某使用刀具反击，但是江某某防卫使用的折叠刀并非管制刀具，而对方多达15人，双方实力悬殊，且江某某先后两次被打倒在地并被群殴。江某某情急之下持刀自卫，在手段上合乎情理，反击行为限于对抗不法侵害，并非主动攻击对方，手段有所节制。故整体而言，防卫行为没有明显超过必要限度。

此外，根据未成年人保护法及相关规定，学校应当建立学生欺凌防控工作制度，对教职员工、学生等开展防治学生欺凌的教育和培训。对于学生欺凌事件，被欺凌者及周边同学要及时向老师、家长报告；学校对学生欺凌行为应当立即制止并依法处理，监护人对实施欺凌的学生应当加强管教，并配合学校和相关部门的处理。学校或者监护人未依法履行职责的，应当依法承担相应法律责任。

**【相关法条】**

《中华人民共和国刑法》第20条

## 陈某某、刘某某故意伤害、虐待案

（指导性案例226号）

**【关键词】**

刑事　故意伤害罪　虐待罪　未成年人　家庭成员　以特别残忍手段致人重伤造成严重残疾

**【裁判要点】**

1. 与父（母）的未婚同居者处于较为稳定的共同生活状态的未

成年人，应当认定为刑法第二百六十条规定的“家庭成员”。

2. 在经常性的虐待过程中，行为人对被害人实施严重暴力，主观上希望或者放任、客观上造成被害人轻伤以上后果的，应当认定为故意伤害罪；如果将该伤害行为独立评价后，其他虐待行为仍符合虐待罪构成要件的，应当以故意伤害罪与虐待罪数罪并罚。

3. 对于故意伤害未成年人案件，认定是否符合刑法第二百三十四条第二款规定的以特别残忍手段致人重伤造成“严重残疾”，应当综合考量残疾等级、数量、所涉部位等情节，以及伤害后果对未成年人正在发育的身心所造成的严重影响等因素，依法准确作出判断。

## 【基本案情】

被告人刘某某系被害人童某某（系化名，女，2014年3月出生）的母亲。刘某某离婚后，童某某由刘某某直接抚养。2019年11月，刘某某结识被告人陈某某，后恋爱并同居。

2020年2月13日，被告人陈某某因童某某与父亲视频聊天而心生不满，遂对童某某实施打耳光、踢踹等行为，为此，刘某某将童某某带离陈某某住处，并向陈某某提出分手。2月17日晚，陈某某来到刘某某住处，因分手之事迁怒于童某某，进门后直接将童某某踹倒在地，又对童某某头部、身体、腿部猛踹数脚。次日，刘某某带童某某就医治疗。童某某被诊断为：额部挫伤、颏部挫裂伤。此后，为躲避陈某某，刘某某带着童某某到朋友家暂住。其间，陈某某多次向刘某某表示道歉并请求原谅。同年3月20日，刘某某与陈某某恢复交往，并带着童某某搬入陈某某住处生活。

之后，在共同生活期间，被告人陈某某经常无故或者以管教孩子等各种借口，通过拳打脚踢、洗衣板殴打、烟头烫等方式伤害童某某，造成童某某身体多处受伤。陈某某还经常采取让童某某长时间跪洗衣板、吞烟头、冻饿、凌辱等方式体罚、虐待童某某。被告人刘某某作为童某某的母亲，未进行有效阻止，放任陈某某对童某某实施伤害和虐待，并时而参与，致童某某轻伤。

2020年5月中旬，被告人陈某某为童某某洗澡，因童某某认为水温不适，陈某某遂故意将水温反复调至最高和最低档位浇淋童某某。被告人刘某某听到童某某喊叫，进入卫生间查看，陈某某谎称水不热，刘某某遂关门离开。洗完澡后，陈某某将童某某带出浴室罚跪，刘某某发现童某某身上被烫出大面积水泡，仅为其擦涂烫伤膏，未及时送医治疗。直至同月下旬，童某某伤口感染严重，二被告人才将其送往医院救治。后经他人报警，二被告人被抓获归案。

经鉴定，童某某全身烧烫伤损伤程度达重伤二级（面部烫伤遗留浅表疤痕素改变，残疾等级为七级），另有五处损伤为轻伤一级（其中三处残疾等级为九级）和五处损伤为轻伤二级。另查明，被害人童某某治疗期间支出的医疗费、营养费等共计人民币202767.35元。

本案案发后，人民法院依法撤销被害人母亲刘某某对童某某的监护人资格，将抚养权从刘某某变更至被害人父亲，并联系心理医生定期对童某某进行心理辅导，协调解决其入学、生活困难等问题。

## 【裁判结果】

辽宁省抚顺市新抚区人民法院于2021年10月13日作出刑事附带民事判决：一、被告人陈某某犯故意伤害罪，判处有期徒刑十五年；犯虐待罪，判处有期徒刑二年，决定执行有期徒刑十六年。二、被告人刘某某犯故意伤害罪，判处有期徒刑二年；犯虐待罪，判处有期徒刑一年六个月，决定执行有期徒刑三年。三、被告人陈某某赔偿附带民事诉讼原告人童某某人民币202767.35元。宣判后，没有上诉、抗诉，判决已发生法律效力。

## 【裁判理由】

被告人陈某某与被害人母亲刘某某系同居关系，其与刘某某及被害人童某某处于较为稳定的共同生活状态，已形成事实上的家庭关系。陈某某在与刘某某及童某某共同生活期间，以殴打、体罚、冻饿、凌辱等方式，长期、频繁地对童某某进行摧残、折磨，情节恶劣，已构成虐待罪。被告人刘某某作为童某某的母亲，未采取有效措施阻止、防范陈某某的虐待行为，一再放任，并时而参与，亦构成虐待罪。

在经常性、持续性的虐待过程中，被告人陈某某采用烟头烫、热水淋、拳打脚踢等暴力手段多次直接伤害童某某身体，造成被害人一处重伤、十处轻伤等严重后果，所涉故意伤害行为不能为虐待罪所评价，应当以故意伤害罪论处。被告人刘某某作为童某某的母亲，一再放任陈某某伤害童某某，并时而参与致童某某轻伤，其行为亦构成故意伤害罪。此外，二被告人经常性、持续性的虐待行为亦构成虐待罪，如对二被告人的犯罪行为仅以故意伤害罪论处，并不能全面评价其虐待行为，故应当以故意伤害罪与虐待罪数罪并罚。

根据刑法第二百三十四条的规定，以特别残忍手段致人重伤造成严重残疾的，处十年以上有期徒刑、无期徒刑或者死刑。对于一般故意伤害案件，通常将六级以上残疾视为“严重残疾”。本案中，被害人的身体受损伤程度经鉴定为七级残疾，但被害人身体不同部位遭受伤害造成多处残疾（一处七级残疾、三处九级残疾），对未成年人身心健康损害极其严重。基于此，从最大限度保护未成年人利益出发，经综合判断，将本案所涉情形认定为“以特别残忍手段致人重伤造成严重残疾”，以故意伤害罪对被告人陈某某判处有期徒刑十五年。

在共同犯罪中，被告人陈某某起主要作用，系主犯。被告人刘某某起次要作用，系从犯，到案后如实供述犯罪事实，真诚悔罪，认罪认罚；而且，对于陈某某实施的热水浇淋致童某某全身烧烫伤损伤程度达重伤二级（残疾等级为七级）的行为，刘某某并未直接参与。综合考量二被告人的动机、手段、情节、后果、社会危害性，以及主观恶性和人身危险性，法院依法作出如上判决。

【相关法条】

《中华人民共和国刑法》第234条、第260条

## 胡某某、王某某诉德某餐厅、蒋某某等生命权纠纷案

（指导性案例227号）

【关键词】

民事　生命权　未成年人　多因一果　侵权责任　按份责任

【裁判要点】

1. 经营者违反法律规定向未成年人售酒并供其饮用，因经营者的过错行为导致未成年人饮酒后遭受人身损害的风险增加，并造成损害后果的，应当认定违法售酒行为与未成年人饮酒后发生的人身损害存在因果关系，经营者依法应当承担相应的侵权责任。

2. 经营者违反法律规定向未成年人售酒并供其饮用、同饮者或者共同从事危险活动者未尽到相应提醒和照顾义务，对该未成年人造成同一损害后果的，应当按照过错程度、原因力大小等因素承担相应的按份赔偿责任。遭受人身损害的未成年人及其监护人对同一损害的发生存在过错的，按照民法典第一千一百七十三条的规定，可以减轻侵权人的责任。

【基本案情】

胡某甲（殁年15周岁）系原告胡某某、王某某之子，其与蒋某

某（时年 14 周岁）、陈某（时年 14 周岁）系重庆市某中学初中二年级学生。2018 年 5 月 19 日，胡某甲等人来到重庆市某县德某餐厅为蒋某某庆祝生日，胡某甲提议要喝酒庆祝，蒋某某同意，遂在德某餐厅购买了啤酒，并在该餐厅就餐饮用。胡某甲及蒋某某每人喝了两瓶啤酒后，陈某到达该餐厅。随后，三人又在该餐厅喝了四瓶啤酒。饭后，胡某甲提议外出玩耍，后遇见陈某某、邓某某、张某某、王某某等四人，七人相约至湖边玩耍。在湖边泡脚戏水过程中，胡某甲不慎后仰溺水。众人试图救援，但未能成功。

胡某某、王某某将德某餐厅、其他六名未成年人及其监护人、重庆市某中学等诉至法院，请求共同赔偿胡某甲的死亡赔偿金、丧葬费等损失。另查明，本案共餐和游玩的未成年人均系重庆市某中学初中二年级学生；在日常教学管理中，该中学已经履行教育机构职责，对学生进行了日常安全教育，并完成安全日志、教学笔记等工作。

**【裁判结果】**

重庆市垫江县人民法院于 2019 年 3 月 19 日作出民事判决：一、由被告德某餐厅赔偿原告胡某某、王某某人民币 21183. 36 元；二、由被告蒋某某的监护人赔偿原告人民币 3530. 56 元；三、由被告陈某的监护人赔偿原告人民币 2824. 45 元；四、由被告王某某的监护人赔偿原告人民币 1412. 24 元；五、由被告邓某某的监护人赔偿原告人民币 2118. 34 元；六、由被告陈某某的监护人赔偿原告人民币 2118. 34 元；七、由被告张某某的监护人赔偿原告人民币 2118. 34 元；八、被告重庆市某中学等不承担责任。宣判后，胡某某、王某某、德某餐厅不服，提起上诉。重庆市第三中级人民法院于 2019 年 8 月 8 日作出民事判决：驳回上诉，维持原判。

## 【裁判理由】

关于本案各被告是否应当对胡某甲的死亡承担赔偿责任的关键在于：各被告基于餐饮经营者、同饮者、同行者等身份在各自的义务范围内是否存在过错，以及该过错与胡某甲溺亡之间是否存在因果关系。

一、关于原告方的责任判定。胡某甲溺水时为初中二年级学生，对自己的行为已经有了一定的认知及判断能力，且已接受学校日常安全教育。本案中，聚餐时胡某甲主动提议饮酒，饮酒后胡某甲实施了下湖戏水等危险行为，且下湖戏水也系由胡某甲提议。胡某甲对自己的死亡存在重大过错。二原告作为其监护人，日常即有放任胡某甲饮酒的情形，且事故发生在周末放假期间，其疏于对胡某甲的管理教育，未履行好监护人职责，对胡某甲的溺亡应当自行承担90%的损失。

二、关于德某餐厅的责任判定。1. 关于德某餐厅是否应当对胡某甲的溺亡后果承担侵权责任。2012 年修正的未成年人保护法第三十七条规定："禁止向未成年人出售烟酒，经营者应当在显著位置设置不向未成年人出售烟酒的标志；对难以判明是否已成年的，应当要求其出示身份证件……" 德某餐厅作为餐饮经营者，违反未成年人保护法的相关规定，向未成年人售酒，具有明显的违法性；德某餐厅既未通过要求酒水购买者出示身份证件等方式审慎判断其未成年人身份，亦未设置不得向未成年人出售烟酒的标志，还放任未成年人在餐厅内饮酒，具有明显过错。德某餐厅违法向胡某甲售酒并供其饮用，客观上增加了损害发生的风险，售酒行为与胡某甲溺亡后果之间具有一定的因果关系。因此，德某餐厅应当承担侵权责任。2. 关于德某餐厅责任承担形式的判定。本案中，德某餐厅和其他数个行为人之间在胡某甲溺亡这一损害后果产生前，并无共同意思联络，不构成共同侵权，不承担连带责任。售酒行为并非造成溺亡的直接原因，而是与下湖戏水玩耍等行为结合后，才促成损害后果的发生，单独的售酒行为并不能造成全部损害后果，故德某餐厅不应当对全部损害承担责任。德某餐厅向未成年人售酒并供其饮用，增加了未成年人酒后下湖戏水造成人身损害的风险，是导致其溺亡的间接原因。结合其过错程度、原因力大小，法院判决德某餐厅对胡某甲的溺亡承担 6% 的责任。

三、关于蒋某某等六名未成年人被告及其监护人的责任判定。蒋某某、陈某与胡某甲共同饮酒，酒后蒋某某、陈某、邓某某、陈某某、张某某与胡某甲一同到湖边玩耍并参与了下湖泡脚、戏水等危险行为，以上被告均知晓或者应当知晓胡某甲下湖具有危险性，蒋某某、陈某与其共饮，蒋某某、陈某、王某某、邓某某、陈某某、张某某未制止胡某甲下湖的危险行为，以上被告未能尽到相互照顾、提醒的义务，故对胡某甲的溺亡均应当承担责任。综合考虑蒋某某是生日聚会的组织者并参与饮酒、陈某参与饮酒、王某某下湖救援及其他人共同以不同形式参与救援，且六名被告均系限制民事行为能力人等情形，法院确定由蒋某某对胡某甲的溺亡承担 1% 的责任，由陈某对胡某甲的溺亡承担 0.8% 的责任，由王某某对胡某甲的溺亡承担 0.4% 的责任，由邓某某、陈某某、张某某对胡某甲的溺亡各自承担 0.6% 的责任。因该六名被告均系限制民事行为能力人，侵权责任依法由各自监护人承担。

此外，经营者违反未成年人保护法的相关规定向未成年人售酒，还应依法承担相应行政责任。本案宣判后，人民法院以司法建议方式向相关部门作了提醒。

## 【相关法条】

《中华人民共和国民法典》第 1165 条、第 1172 条、第 1173 条（本案适用的是 2010 年 7 月 1 日施行的《中华人民共和国侵权责任法》第 6 条、第 12 条、第 26 条）

《中华人民共和国未成年人保护法》第59条（本案适用的是2012年10月26日修正的《中华人民共和国未成年人保护法》第37条）

## 张某诉李某、刘某监护权纠纷案

（指导性案例228号）

### 【关键词】

民事　监护权　未成年人　婚姻关系存续期间　平等监护权

### 【裁判要点】

1. 在夫妻双方分居期间，一方或者其近亲属擅自带走未成年子女，致使另一方无法与未成年子女相见的，构成对另一方因履行监护职责所产生的权利的侵害。

2. 对夫妻双方分居期间的监护权纠纷，人民法院可以参照适用民法典关于离婚后子女抚养的有关规定，暂时确定未成年子女的抚养事宜，并明确暂时直接抚养未成年子女的一方有协助对方履行监护职责的义务。

### 【基本案情】

张某（女）与李某于2019年5月登记结婚，婚后在河北省保定市某社区居住。双方于2020年11月生育一女，取名李某某。2021年4月19日起，张某与李某开始分居，后协议离婚未果。同年7月7日，李某某之父李某及祖母刘某在未经李某某之母张某允许的情况下擅自将李某某带走，回到河北省定州市某村。此时李某某尚在哺乳期内，张某多次要求探望均被李某拒绝。张某遂提起离婚诉讼，法院于 2022 年 1 月 13 日判决双方不准离婚。虽然双方婚姻关系依旧存续，但已实际分居，其间李某某与李某、刘某共同生活，张某长期未能探望孩子。2022 年 1 月 5 日，张某以监护权纠纷为由提起诉讼，请求判令李某、刘某将李某某送回，并由自己依法继续行使对李某某的监护权。

**【裁判结果】**

河北省定州市人民法院于 2022 年 3 月 22 日作出民事判决：驳回原告张某的诉讼请求。宣判后，张某不服，提起上诉，河北省保定市中级人民法院于 2022 年 7 月 13 日作出民事判决：一、撤销河北省定州市人民法院一审民事判决；二、李某某暂由上诉人张某直接抚养；三、被上诉人李某可探望李某某，上诉人张某对被上诉人李某探望李某某予以协助配合。

**【裁判理由】**

本案的争议焦点是：李某某之父李某、祖母刘某擅自带走李某某的行为是否构成侵权，以及如何妥善处理夫妻双方虽处于婚姻关系存续期间但已实际分居时，李某某的抚养监护问题。

第一，关于李某某之父李某、祖母刘某擅自带走李某某的行为是否对李某某之母张某构成侵权。民法典第三十四条第二款规定："监护人依法履行监护职责产生的权利，受法律保护。"第一千零五十八条规定："夫妻双方平等享有对未成年子女抚养、教育和保护的权利，共同承担对未成年子女抚养、教育和保护的义务。"父母是未成年子女的监护人，双方平等享有对未成年子女抚养、教育和保护的权利。本案中，李某、刘某擅自将尚在哺乳期的李某某带走，并拒绝将李某某送回张某身边，致使张某长期不能探望孩子，亦导致李某某被迫中断母乳、无法得到母亲的呵护。李某和刘某的行为不仅不利于未成年人身心健康，也构成对张某因履行监护职责所产生的权利的侵害。一审法院以张某没有证据证明李某未抚养保护好李某某为由，判决驳回诉讼请求，系适用法律不当。

第二，关于婚姻关系存续期间，李某某的抚养监护应当如何处理。本案中，李某某自出生起直至被父亲李某、祖母刘某带走前，一直由其母亲张某母乳喂养，至诉前未满两周岁，属于低幼龄未成年人。尽管父母对孩子均有平等的监护权，但监护权的具体行使应符合最有利于被监护人的原则。现行法律和司法解释对于婚内监护权的行使虽无明确具体规定，考虑到双方当事人正处于矛盾较易激化的分居状态，为最大限度保护未成年子女的利益，参照民法典第一千零八十四条“离婚后，不满两周岁的子女，以由母亲直接抚养为原则”的规定，李某某暂由张某直接抚养为宜。张某在直接抚养李某某期间，应当对李某探望李某某给予协助配合。

**【相关法条】**

《中华人民共和国民法典》第34条、第1058条、第1084条、第1086条

《中华人民共和国未成年人保护法》第4条、第24条

## 沙某某诉袁某某探望权纠纷案

（指导性案例229号）

**【关键词】**

民事　探望权　未成年人　隔代探望　丧子老人

【裁判要点】

未成年人的父、母一方死亡，祖父母或者外祖父母向人民法院提起诉讼请求探望孙子女或者外孙子女的，人民法院应当坚持最有利于未成年人、有利于家庭和谐的原则，在不影响未成年人正常生活和身心健康的情况下，依法予以支持。

【基本案情】

沙某某系丁某某的母亲，其独生子丁某某与袁某某于 2016 年 3 月结婚，于 2018 年 1 月生育双胞胎男孩丁某甲、丁某乙。2018 年 7 月丁某某因病去世。丁某甲、丁某乙一直与袁某某共同生活。沙某某多次联系袁某某想见孩子，均被袁某某拒绝。沙某某遂起诉请求每月 1 日、20 日探望孩子，每次 2 小时。

【裁判结果】

陕西省西安市新城区人民法院于 2021 年 6 月 18 日作出民事判决：原告沙某某每月第一个星期探望丁某甲、丁某乙一次，每次不超过两小时，袁某某应予配合。宣判后，袁某某不服，提起上诉。陕西省西安市中级人民法院于 2021 年 9 月 28 日作出民事判决：驳回上诉，维持原判。

【裁判理由】

沙某某系丁某甲、丁某乙的祖母，对两个孩子的探望属于隔代探望。虽然我国法律并未对祖父母或者外祖父母是否享有隔代探望权作出明确规定，但探望权系与人身关系密切相关的权利，通常基于血缘关系产生；孩子的父、母一方去世的，祖父母与孙子女的近亲属关系不因父或母去世而消灭。祖父母隔代探望属于父母子女关系的延伸，符合我国传统家庭伦理观念，符合社会主义核心价值观及公序良俗。隔代探望除满足成年亲属对未成年人的情感需求外，也是未成年人获得更多亲属关爱的一种途径。特别是在本案沙某某的独生子丁某某已经去世的情况下，丁某甲、丁某乙不仅是丁某某和袁某某的孩子，亦系沙某某的孙子，沙某某通过探望孙子，获得精神慰藉，延续祖孙亲情，也会给两个孩子多一份关爱，有利于未成年人健康成长，袁某某应予配合。同时，隔代探望应当在有利于未成年人成长和身心健康，不影响未成年人及其母亲袁某某正常生活的前提下进行，探望前应当做好沟通。

**【相关法条】**

《中华人民共和国民法典》第 10 条、第 1043 条、第 1045 条、第 1086 条

# 《未成年人检察》投稿要求

一、稿件内容要符合国家政策精神和意识形态要求，符合司法改革方向，具有时效性。

二、稿件内容要遵守学术规范，尊重他人的著作权，严禁抄袭、剽窃等侵犯著作权行为，具有原创性。

三、投稿篇幅一般不超过8000字，重要稿件一般不超过2万字，稿件内容不涉密。

四、稿件中应包含以下项目：

1. 标题。标题不超过20个字，可分主副标题。

2. 作者署名。作者姓名后加＊号，作者简介以脚注形式放首页末。依次标明作者姓名、工作单位、职务职称、联系电话、通信地址、邮政编码等。若为基金项目或课题成果，还应标明项目或课题批准的年度、名称及批准号。

3. 正文。文内各级标题应简短（不超过20个字）、明确，正文内标题层级一般采用“一”、“（一）”、“1.”、“（1）”的形式。涉及法律加书名号。

4. 注释。文中引用数据和他人观点必须注明出处，采用脚注形式。引用的专著应依次标明作者、书名、出版社、出版年、页码，如周鲠生：《国际法》（上册），商务印书馆1976年版，第294～298页；期刊文章应依次标明作者、文章名、刊名、年、期，如王家福、刘海年、李步云：《论法制改革》，载《法学研究》1989年第2期；报纸文章应依次标明作者、文章名、报纸名、年、月、日、版，如王启东：《法制与法治》，载《法制日报》1989年3月2日，第2版。

五、投稿请采用 word 或 wps 文档格式，以附件形式发送，如有图片请单独发送，勿粘贴在文档格式中。稿件电子版邮件发送主题和附件文档名均请标明单位名（院名用简称，县和县级市还应标明所属地级市名称）、第一作者名、标题名、发送日期，作者联系方式。文章内文首页左上角请标明拟投栏目。修改后稿件标题和发送主题务必标注新的发送日期，与原稿件以示区别。

投稿邮箱(内网)：jct9_ba4@ gj. pro

(外网)：116077087@ qq. com

# 2024年《未成年人检察》征订单

《未成年人检察》是由最高人民检察院第九检察厅主办的连续性业务指导用书，主要包括政策指导类、业务研讨类、专题类等内容。政策指导类含特稿、大检察官专论、权威解读等栏目；业务研讨类含理论前沿、工作研究、业务论坛、典型案例、调研报告等栏目；专题类含域外法制等栏目。

《未成年人检察》自2016年创刊以来，受到全国检察系统未成年人检察部门工作人员和社会各界未成年人工作者及专家学者的广泛关注和好评。2024年《未成年人检察》拟出版四期，总价240.00元，面向全国公开发行。

此外，为推动检察官担任法治副校长和“法治进校园”工作，进一步提高检察机关未成年人法治宣传教育工作的质量和效果，我们将相关工作用书一并整理，欢迎各级人民检察院和相关部门订阅。

附件：1. 2024年《未成年人检察》传真回执单

2. 订购方式

中国检察出版社

2023年11月

附件1

# 2024年《未成年人检察》传真回执单

（复印有效）

| | | | | |
|---|---|---|---|---|
| 订购单位名称 | | 收书人 | | |
| 地　址 | | 电　话 | | |
| 单位统一信用代码 | | | | |
| 电子发票接收邮箱 | | | | |
| 代码 | 书名 | 定价（元） | 订数 | 金额 |
| W2024 | 未成年人检察（2024年1－4期） | 240.00 | | |
| 未检系列相关最新图书 | | | | |
| A42048 | 未成年人保护法律全书 | 198.00 | | |
| A43052 | 法话西游（四） | 20.00 | | |
| A43053 | 漫游未成年人保护法 | 18.00 | | |
| A43054 | 六大保护只为你 | 20.00 | | |
| A43055 | 莫让“网事”不堪回首3 | 20.00 | | |
| A43056 | 中小学生欺凌防治指导手册 | 18.00 | | |
| 合　计 | | | | |
| 合计金额 | 万　　仟　　佰　　拾　　元整 | | | |
| 备注：款到三个工作日左右，发票发送至您的邮箱！ | | | | |

附件2

# 订购方式

**第一种：网站订购**（www. zgjccbs. com）（不用发传真、款到开票）

1. 网站下单，直接在线支付（微信、支付宝）
2. 网站下单，银行汇款需备注订单编号后6位数字

网站订购负责人：张惠 010－86423745 、18101137669

技术咨询 010－86423763

**第二种：微信订购**（仅支持微信在线支付）

1. 使用微信扫描右侧二维码可直接在线订购
2. 了解最新书讯请关注“中国检察出版社”微信公众号

**第三种：传真订购**

书款汇至出版社账号后，请传真订书回执单至 010－68659465

**中国检察出版社账户信息**

**户　名：**中国检察出版社有限公司　　**账　号：**11050164860000000056

**开户行：**建设银行北京西山枫林支行　**行　号：**105100050751

**中国检察出版社各省订购负责人：**

盛　丹 010－86423727　18101137660（微信同号）传真 010－68659465

北京、天津、山西、陕西、河北、黑龙江、吉林、辽宁、内蒙古、青海、山东

董艳芬 010－86423726 18101137661（微信同号）传真 010－68659465

河南、浙江、江苏、安徽、上海、福建、甘肃、江西、新疆、西藏

薛建娜 010－86423728　18101137662（微信同号）传真：010－68636539

广东、广西、海南、重庆、四川、云南、贵州、湖北、湖南、宁夏